LINCOLN

Colección
Grandes Biografías

© EDIMAT LIBROS, S.A.
C/ Primavera, 35 Pol. Ind. El Malvar
Arganda del Rey - 28500 (Madrid) España
www.edimat.es

Título: *Abraham Lincoln*
Diseño de cubierta: *Juan Manuel Domínguez*

Dirección de la obra:
FRANCISCO LUIS CARDONA CASTRO
*Doctor en Historia por la Universidad de
Barcelona y Catedrático*

Coordinación de textos:
MANUEL GIMÉNEZ SAURINA
MANUEL MAS FRANCH
MIGUEL GIMÉNEZ SAURINA

ISBN: 84-8403-858-0
Depósito legal: M-29517-2003

Imprime: *Gráficas COFÁS, S. A.*

IMPRESO EN ESPAÑA - PRINTED IN SPAIN

INTRODUCCIÓN

Si fue Abraham Lincoln el mejor Presidente de Estados Unidos, o si lo fue Franklin Delano Roosevelt es algo que sólo la Historia, con todo su peso y la perspectiva que otorga el tiempo, puede dilucidar. Lo único cierto es que ambos Presidentes fueron los artífices que consiguieron la victoria en sendas guerras. El primero, en la Guerra civil, llamada de Secesión, dentro de su propio país, y el segundo en la guerra más terrible y cruel de todos los siglos, la Segunda Guerra Mundial.

Y con esto, otra cosa hay de común en los dos: Lincoln vio prolongado su mandato presidencial en una segunda elección, en tanto que Roosevelt también vio alargada su estancia en la Casa Blanca, principalmente a causa de la guerra librada contra sus enemigos, los miembros del Eje nazi.

Por lo demás, pocas son las semejanzas entre los dos Presidentes. Lincoln, desde su asesinato en el teatro Ford de Washington, ha sido admirado, reverenciado y respetado por el mundo entero, como un Presidente mártir, digno defensor de los derechos negros. Fue él, en efecto, quien logró la emancipación, aunque a costa de una guerra cruel como lo son todas las guerras civiles. Cuando diversos Estados de la nación, por intereses nefastos, deseaban que los negros continuasen siendo esclavos, o sea mano de obra baratísima, Lincoln tuvo el valor de enfrentarse con esos elementos demagógicos y proclamar que «todos los hombres son iguales ante la ley y ante Dios», y fiel a este principio, no

5

dudó en luchar hasta el fin para conseguir lo que se había propuesto. Y lo mismo que otro mártir en pro de los derechos humanos y de los negros, Luther King, también murió a manos de un fanático, en uno de los crímenes más repulsivos y más inútiles de los muchos que se han cometido a lo largo de la Historia.

Fue Lincoln quien en cierta ocasión exclamó:

> —El Todopoderoso tiene sus propias intenciones y ¡ay del mundo por causa de los escándalos! Porque fuerza es que vengan los escándalos; mas, ¡ay del hombre por quien viene el escándalo!

Estas palabras, que en realidad son una cita del Evangelio de Mateo, demuestran bien a las claras el carácter firme y justo que poseía el Presidente de Estados Unidos, Abraham Lincoln.

Bibliografía

D. F. SARMIENTO: *Vida de Abraham Lincoln*, Antonio Lamora, Buenos Aires, 1965.

E. LUDWIG: *Lincoln*, Ed. Juventud, Barcelona, 1969.

VV.AA.: *Abraham Lincoln*, Hernando, Madrid, 1976.

VV.AA.: *Abraham Lincoln*, Norma, Bogotá, 1979, 3 vols.

I. Montero: *Abraham Lincoln*, Urbión, Madrid, 1984.

KENNETH M. STAMPP: *La esclavitud en los Estados Unidos. La institución peculiar*, Oikos-Tau, Barcelona, 1966.

JACQUES NERE: *La guerre de sécession*, París, PUF (col. «Que sais-je?»), 1975.

STEPHEN VINCENT BENET: *Historia sucinta de los Estados Unidos*, Col. Austral, Espasa Calpe, Buenos Aires, 1955.

FRANKLIN ESCHER, Jr.: *Breve historia de los Estados Unidos*, Ed. Sayma, Barcelona, 1961.

MAX SAVELLE: *Historia de la civilización norteamericana*, Ed. Gredos, Madrid, 1961.

CARL GRIMBERG: *Historia Universal Daimon, 11. El siglo del Liberalismo*, Ed. Daimon, Barcelona, 1973.

VV.AA.: *Historia Universal,* vol. VIII, Ed. Salvat, Barcelona, 1980.

CAPÍTULO I

NACE UN PRESIDENTE

Acababa de nacer un Presidente para Estados Unidos, y nada hacía presagiar en aquella criatura, más bien endeble, un tan alto destino.

Fue el día 12 de febrero de 1809, en una cabaña situada en las tierras más bien estériles de Kentucky, donde Abraham Lincoln vino a este mundo.

Su padre, Thomas Lincoln, era de oficio carpintero. Moreno, carirredondo, y más bien robusto, era un individuo honrado, trabajador e inteligente, pese a lo cual nunca llegó a ser un vencedor, aunque tampoco puede decirse que fuese un perdedor en la vida. En realidad, llegó a poseer varios centenares de acres de tierras, y siempre contó con un caballo al menos.

La familia Lincoln procedía de Inglaterra. En 1637, un tal Samuel Lincoln, aprendiz de tejedor, abandonó la isla próxima a Europa y se trasladó a América, instalándose en Hingham, Massachussetts. Más adelante, los Lincoln se fueron estableciendo en Nueva Jersey, Virginia, Pennsylvania, hasta llegar finalmente a los páramos de Kentucky, donde Thomas Lincoln, a sus veintiocho años, se casó con Nancy Hanks, el 12 de junio de 1806, cuando Nancy contaba veintidós años de edad.

La futura madre de Abraham era una mujer sencilla, por lo que se sabe, completamente analfabeta. Dennis Hanks, su primo, la describió como «una persona de percepción notablemente aguda, sagaz y astuta, muy intelectual por naturaleza, con gran memoria y retentiva, afectuosa, religiosa y con inclinaciones espirituales e idealistas».

Es posible que Dennis exagerase un poco en su descripción, pero el retrato no deja de ser el de una mujer de inteligencia innata, seguramente con la escasa educación que en aquellos tiempos se les daba a las mujeres, sobre todo a las que vivían en el campo.

En realidad, hubo muchas suposiciones acerca de quién había sido el padre de Nancy, y Lincoln creía que fue un plantador de Virginia, de buena familia, si bien otros opinaban de manera muy diferente.

Después de la boda, los Lincoln se establecieron en Elizabethtown, donde Thomas poseía una casa, y fue allí donde nació la primera hija, Sarah, el 10 de febrero de 1807. Poco después, Thomas ya había ahorrado el dinero suficiente para adquirir una parcela de tierra inculta, de unos trescientos acres, por la que abonó 200 dólares, al contado. Se hallaba a unos veinte kilómetros de Elizabethtown, en Nolin Creek, en pleno campo, con muy pocos vecinos, por lo que era preciso llevar allí una existencia solitaria. Allí se trasladaron los Lincoln en el invierno de 1808.

Y allí levantó Thomas una cabaña de troncos, y allí aguardó Nancy el nacimiento del segundo hijo. Según el primo Dennis:

> *Nancy estaba tendida en un camastro hecho de troncos, con expresión de suma felicidad. Tom* (Thomas) *había encendido un buen fuego y echó una piel de oso sobre las cubiertas de la cama para conservarla caliente. Luego llegó la tía de Nancy, lavó al recién nacido, lo envolvió en una saya de franela amarilla y en una camisa gruesa de Tom, preparó unas pasas con miel silvestre para Nancy, ordenó las cosas y regresó a su casa. Y ésa fue toda la asistencia que recibieron la madre y el hijo.*

Abraham Lincoln, el Presidente mártir, defensor de los derechos de los negros.

La situación del país

El mundo al que llegó aquel niño era tal cual era antes y siguió siendo después. En Estados Unidos, Thomas Jefferson terminaba ya su mandato, en realidad su segundo período presidencial. A la sazón, Estados Unidos se componía de diecisiete Estados, y la población sumaba 7.200.000 habitantes, con la inclusión de 1.900.000 negros esclavos. En Europa, Inglaterra luchaba contra Napoleón, y Estados Unidos, deseando quedar neutral en tal lucha, había suspendido el comercio con los dos bandos en guerra.

Thomas Lincoln apenas se ocupaba de la política. Se dedicaba a labrar sus tierras y a ganar algún dinero suplementario ejerciendo el oficio de carpintero por la región.

Como las tierras adquiridas resultaron ser bastante estériles, Thomas compró otras en una región más poblada, en la antigua ruta de Cumberland, adonde se trasladó con su familia en el año 1811.

Fue allí donde el pequeño Abraham vagaba por los bosques, vadeaba los arroyos y tendía trampas a los conejos. Fue también allí donde asistió a la escuela a partir de los seis años de edad para aprender a leer, escribir y contar.

Durante cinco años, vivieron en aquel paraje, hasta que en el invierno de 1816, los Lincoln se marcharon a Indiana. Thomas, lo mismo que otros muchos colonos, se vio envuelto en interminables pleitos por sus tierras, y por tres veces tuvo que acudir a los tribunales para defender los terrenos que había labrado con tanto esfuerzo. El traslado a Indiana se debía, pues, a su deseo de vivir en donde hubiera el registro de la propiedad, donde los títulos estuvieran garantizados y donde la posesión de la tierra no diese quebraderos de cabeza.

Junto con los Lincoln iban los Sparrow, los tíos de Nancy y Dennis Hanks, el primo. Se dirigieron a un bosque fértil, no lejos de Little Pidgeon Creek, a dos kilómetros y medio al este de Gentryville.

Allí transcurrieron dos años de pesado trabajo, hasta que llegó el año 1818, año de verdadera tragedia. Aquel otoño, Thomas Sparrow y su esposa contrajeron la llamada «fiebre láctea» y fallecieron. Luego, cayó enferma Nancy y también murió.

Aquel invierno fue muy triste. Sarah, ya mayorcita, tuvo que encargarse de las tareas de la casa. Contaba doce años de edad.

Thomas necesitaba una esposa y los pequeños una madre. Y un día se dirigió a Elizabethtown para hablar con Sarah Bush, a la que ya había cortejado antes de casarse con Nancy.

Sarah Bush también era viuda ya. Thomas Lincoln pagó varias deudas contraídas por la viuda, y la boda se celebró el 2 de diciembre de 1819.

A continuación, Thomas cargó en un carro todos los enseres de Sarah, junto con los tres hijos de ésta: Elizabeth, de doce años, Matilda, de ocho, y John, de cinco.

Abraham Lincoln adoró a su nueva madre, y ella le correspondió de igual manera.

> *Era el mejor chico que conocí jamás* —contó Sarah, ya anciana—. *Nunca tuve que reñirle en toda mi vida. Su inteligencia y la mía (la poca que yo tenía) parecían ir juntas, moverse por un mismo cauce. Abe (Abraham) leía todos los libros que podía encontrar y cuando hallaba un pasaje que le interesaba y no tenía papel a mano, lo copiaba en una tabla hasta que localizaba un papel y lo copiaba de nuevo, para leerlo una y otra vez, hasta aprendérselo de memoria.*

Lincoln, así, leyó las *Fábulas* de Esopo, *Robinson Crusoe*, la vida de Washington, el *Pilgrim Progress* y la historia de Estados Unidos. También se familiarizó con la Biblia.

CAPÍTULO II

LA ADOLESCENCIA
DE ABRAHAM LINCOLN

A los diecinueve años de edad, Abraham fue contratado por el señor James Gentry para conducir una almadía cargada de géneros hasta Nueva Orleans. Y él y el hijo de Gentry comerciaron río abajo, a lo largo de la llamada costa del azúcar. Fue en aquel viaje donde se vieron obligados a rechazar el ataque de una banda de negros.

Por fin llegaron a Nueva Orleans, que era la primera ciudad de importancia que veía Lincoln. Una vez de regreso a su hogar, halló a su padre de nuevo dispuesto a mudarse de sitio. En efecto, la hacienda de Indiana producía poco y la fiebre láctea volvía a amenazar al ganado. John Hanks vivía en Illinois, desde donde enviaba magníficas noticias sobre las ventajas de aquellas tierras. Y Thomas decidió irse allí.

Tras un viaje de más de trescientos kilómetros, cruzando ríos y arroyos congelados, el grupo llegó a orillas del río Sangamon, a unos dieciséis kilómetros de Decatur. Allí construyeron una cabaña de troncos y luego cercaron diez acres de terreno, vallaron y desbrozaron la tierra y recogieron una cosecha de maíz en el mismo año.

Denton Offutt, un hombre de la frontera, le tomó afecto a Abraham, y lo contrató para que a su regreso de Nueva Orleáns se hiciera cargo de un almacén con molino que él poseía en Nueva Salem.

15

Y allí se fue Abraham, llegando a Nueva Salem en julio de 1831. Lincoln contaba ya veintidós años, y era dueño de su persona.

> *Pero* —dijo él mismo más adelante—, *yo ignoraba muchas cosas. Sabía leer, escribir y contar, y hasta la regla de tres, pero nada más. Nunca estudié en un colegio o academia. Lo que poseo en materia de educación lo he ido recogiendo aquí y allá, bajo las exigencias de la necesidad.*

En cierta ocasión, ya en plena campaña presidencial, un periodista le preguntó por los días de su niñez, a lo que Lincoln respondió:

> *Mi niñez puede resumirse en una sencilla frase que puede usted hallar en la* Elegía, *de Grey: «Los breves y simples anales de los pobres». Así fue mi vida y eso es todo lo que usted o cualquier otro pueden sacar en limpio de ella.*

CAPÍTULO III

MANERA DE GANARSE EL SUSTENTO

Sólo vivían en Nueva Salem algunas familias, pero Lincoln llegó a la ciudad decidido a establecerse definitivamente, por primera vez por sí mismo. Nueva Salem era una comunidad pequeña que jamás creció.

Abraham era ya muy alto, y ante todo se dedicó a explorar el terreno, de manera que cuando llegó Denton Offutt con la mercancía, el almacén pudo abrir las puertas.

Allí se vendía de todo: cueros, vasijas, cristalerías, guantes, calzado, camisas, sillas de montar, yugos para bueyes y toda clase de herramientas.

Situado en la alta ribera del río Sangamon, y cerca del molino, el almacén se hallaba junto al *saloon* de Bill Clary, cuyo hermano fue el fundador del poblado de Clary's Grove, donde vivía una banda de jóvenes alocados, borrachines y pendencieros. Su jefe era Jack Armstrong, el más forzudo de todos.

Pero Denton Offutt aseguraba que su dependiente era el más fuerte de todos, capaz de derribar a cualquier hombre de la vecindad. Armstrong, al enterarse de tal jactancia, desafió a Abraham a luchar con él. Y aquél fue el suceso más famoso de la historia del pueblo. En realidad, ninguno de los dos logró vencer al contrincante, pero Lincoln ya se ganó el respeto de aquellos jóvenes.

Fue un habitante del poblado, Jack Kelso, quien le inició en el mundo feérico de Shakespeare y Robert Burns.

Luego, cuando llegó la primavera, y animado por sus vecinos más próximos, Abraham Lincoln decidió presentarse a las elecciones para la Cámara legislativa del Estado. Redactó una circular exponiendo su candidatura, y dando cuenta además de su política, abogando por mejoras internas del país, ayudando a la educación y tomando medidas contra la descarada usura.

Su programa terminaba con estas palabras, que resumen su forma de pensar en todo momento:

> *Se dice que todo hombre tiene su ambición peculiar; sea esto cierto o no, yo puedo afirmar, en lo que a mí respecta, que no tengo otra tan grande como la de ser verdaderamente estimado por mis compatriotas por el sistema de hacerme a mí mismo digno de su estima.*
>
> *Hasta dónde lograré satisfacer esta ambición es algo que todavía está por descubrir.*
>
> *Soy joven y desconocido para la mayoría de vosotros.*
>
> *Nací y he marchado siempre por las más humildes sendas de la vida. No tengo fortuna ni relaciones populares que me recomienden.*
>
> *Mi suerte está depositada exclusivamente en los votantes independientes de este condado y si soy elegido me habrán concedido una confianza que compensaré trabajando sin descanso.*
>
> *Pero si el buen pueblo, con su sabiduría, juzga conveniente dejarme en la oscuridad, estoy lo bastante familiarizado con los desengaños para no quedar demasiado entristecido.*

La principal preocupación de los habitantes del poblado era la navegación por su río. Si el Sangamon podía ser navegado por embarcaciones mayores, podrían recibirse las mercancías más baratas.

De pronto, llegaron nuevas de la arribada del vapor *Talismán,* que iba a descargar mercancías procedentes de San Luis en el embarcadero del río Sangamon, situado frente a Springfield, a razón de 37 centavos y medio por 100 libras de peso.

Su capitán contrató a varios hombres con el fin de que fuesen delante del barco con hachas de mango largo para cortar las ramas colgantes y así despejar el río de obstáculos. Lincoln se ofreció voluntario para el trabajo.

Pero cuando el *Talismán* emprendió viaje de regreso, el río llevaba tan poca agua que el buque, uno de cuyos pilotos era Lincoln, sólo logró ser mantenido a flote a duras penas, y en Nueva Salem fue preciso derribar parte de la presa para darle paso.

Poco después, se supo que Halcón Negro, un jefe indio, había cruzado la frontera de Illinois, y sembraba el terror en todo el límite fronterizo. El gobernador pidió voluntarios para combatirle, y Abraham Lincoln fue de los primeros en presentarse al llamamiento. Así fue elegido capitán de su compañía.

Pero el flamante capitán Lincoln nada sabía de cuestiones militares. Sin embargo, al expirar sus treinta días de servicio, se reenganchó. Pasó tres meses en aquella milicia y recibió 125 dólares por el servicio. No estuvo en ningún combate pero hizo amistades y conoció mejor el país.

De vuelta a Nueva Salem reanudó la campaña para la legislatura. Pronunció un discurso en Pappsville, mas de pronto se inició un altercado entre los oyentes. Lincoln, ni corto ni perezoso, bajó del estrado y echó mano al individuo que había iniciado la lucha, lanzándolo a tres metros de distancia. Después, continuó su discurso:

Mi política es breve y suave como el baile de la anciana del cuento. Estoy a favor de un Banco Nacional, estoy a favor de un sistema de mejoras

19

internas y de unas elevadas tarifas proteccionistas.
Estas son mis opiniones y mis principios políticos.
Si me elegís os lo agradeceré; si no, os lo agrade-
ceré también.

No fue elegido. Y esta fue la única vez que se vio derrotado por una elección popular.

En 1828 había sido elegido a la presidencia de la gran nación Andrew Jackson. Hijo de un inmigrante escocés había nacido en Waxhaw, Carolina del Sur en 1767. Jackson era demócrata, pero el séptimo presidente de los EE.UU. era rudo, impulsivo y de escasa cultura, un hombre de acción más que de ideas. Con todas las fuerzas y todas las debilidades del típico hombre de frontera que se había hecho a sí mismo (el famoso *self made man* que haría grande a los EE.UU.), Jackson fue el primero de una larga serie de presidentes populares como Lincoln. Sin embargo, su elección tuvo un carácter marcadamente regional, y dejó ver una llamarada del violento fuego de la disputa regional que iba a ser el tema principal de la historia americana durante dos generaciones y que, al final, culminaría en el espantoso conflicto regional de la guerra civil.

Jackson fue elegido por una unión de los tres votantes de las tres regiones que estaban surgiendo en los EE.UU.: los agricultores del oeste, los obreros industriales del nordeste y los agricultores y plantadores del sur, acaudillados por John C. Calhoun, vicepresidente de Jackson. Así durante algún tiempo, un cuerpo de electores diversificado mantuvo unidas a las tres regiones en una alianza inestable y efímera. Pero la alianza iba a romperse muy pronto, y se produjo la guerra cuando resultó evidente que el oeste y el nordeste tenían mas en común que cualquiera de las dos regiones con el sur.

Uno de los determinantes más poderosos de la creación de una democracia popular y, asimismo, en la trágica división de los EE.UU. en naciones enzarzadas en un conflicto armado,

20

En 1842 Lincoln se casó con Mary Todd, después de un noviazgo accidentado.

fue el continuo y acelerado flujo de población en los territorios situados al oeste y al sudoeste de los Apalaches. En realidad, sin el enorme crecimiento de la sociedad del oeste, y especialmente del viejo noroeste, conocido hoy como oeste medio, es difícil comprender cómo se hubiese desarrollado la parte oriental del país hasta llegar a ser una gran zona industrial, o cómo se hubiese convertido tan rápidamente el sur, en el gran imperio del algodón. Sea como fuere, lo cierto es que el desarrollo del viejo noroeste proporcionó un mercado sumamente atrayente y provechoso para los productos de las factorías del este y que el viejo sudoeste proporcionó una vasta zona de tierras de cultivo del algodón, adecuadas para la extensión del reino del algodón.

CAPÍTULO IV

CAMBIO DE FRENTE

Las cosas empezaron a ponerse mal. Denton Offutt cerró el almacén y Lincoln se halló sin empleo. Entonces, pensó en aprender el oficio de herrero, pues aunque quería estudiar Derecho, imaginaba que era imposible triunfar como abogado al carecer de la debida formación.

En aquellos tiempos, él y otro joven compraron un depósito de mercancías con algún dinero que poseían, y el resto a crédito, y así empezó a funcionar el almacén Berry y Lincoln. La ilusión fue de corta duración. Los dos comerciantes se endeudaron cada vez más, y cuando cerraron el local, Lincoln debía unos 1.100 dólares.

Con la ayuda de unos amigos lo nombraron administrador de Correos en Nueva Salem, un cargo insignificante para que constituyese un obstáculo en su carrera política. Allí estuvo unos tres años, ganando un dólar a la semana. De manera que para ayudarse, también talaba árboles, trabajaba en un molino, guardaba un almacén y hacía cuantos trabajos podía. Cuando el agrimensor del condado decidió nombrarle su ayudante, Lincoln se dedicó al estudio de la Geometría, la Trigonometría y la Agrimensura Rectangular, de Flint. Compró una brújula y una cadena de agrimensor y, a crédito, un caballo y una silla de montar.

Por medir un cuarto de milla recibía dos dólares y medio, más dos dólares como prima de desplazamiento.

Se cuenta la anécdota de que en una de sus primeras mediciones, le pagaron con un par de pieles de gamo, con las que Hannah Armstrong, la esposa de Jack, forró sus pantalones para protegerlos contra los abrojos.

En el verano de 1834 intentó de nuevo entrar en la Legislatura, siendo esta vez elegido. Durante la campaña electoral, el comandante John Todd Stuart, jefe en comandita del partido whig, de aquel Estado, le animó a estudiar Derecho. Lincoln le pidió prestados unos libros y empezó a estudiar por sí solo. Sin dejar, claro está, de dedicarse a la agrimensura para ganarse el sustento.

En el siguiente otoño, el nuevo legislador de veinticinco años, se compró un traje nuevo para presentarse en Vandalia, la capital de Illinois.

Cinco días después de la inauguración de la sesión legislativa, pronunció un discurso en la Asamblea en el que propuso una ley «limitativa de la jurisdicción de los jueces de paz». Presentó otros proyectos, uno de ellos respecto a la construcción de un puente de peaje sobre el Salt Creek, y otro sobre el marcaje y trazado de una carretera desde Springfield al Transbordador de Miller.

Fue también en aquella misma sesión cuando la Legislatura discutió dos medidas importantes: una, la construcción del Canal de Illinois y Michigan; la otra, las bases para la creación de un Banco del Estado. Ambos proyectos fueron aprobados, y Lincoln votó en favor de los mismos.

Fue en Vandalia donde Lincoln aprendió el arte de la política, observando y vigilando con los ojos y oídos bien abiertos.

Cuando finalizó la Legislatura volvió a Nueva Salem y reanudó su trabajo en la administración de Correos, y como agrimensor. Pero tenía otro afán: estudiaba leyes.

En 1836, fue elegido como uno de los nueve whigs del Condado de Sangamon. Todos los legisladores eran tan altos que fueron denominados «Los Nueve Largos». El 9 de septiembre, aprobando los exámenes, Lincoln se licenció en Derecho.

La décima Asamblea general de Illinois, reunida en diciembre de 1836, fue una de las más notables de la historia de dicho Estado. Fueron aprobadas numerosas leyes, y se adoptaron unas disposiciones que fueron las que facilitaron un vasto plan de reformas internas. Lincoln tomó parte muy activa en los debates. Era ya un parlamentario lleno de recursos, con una gran ambición por llegar a «ser alguien».

Como Vandalia estaba al sur del Estado y la población se iba desplazando al norte, Lincoln y sus amigos de Sangamon abogaron en favor del establecimiento de la capital en Springfield.

Pero lo más importante de aquellas sesiones fue la intervención de Abraham Lincoln, al declarar que la institución de la esclavitud «está fundada en la injusticia y en una mala política, aunque el Congreso de Estados Unidos, según la Constitución, no tiene poderes para interferirse en la institución de la esclavitud en los diferentes Estados».

Fue veintidós años más tarde, en plena campaña presidencial, cuando Lincoln repitió su postura ante la esclavitud, postura que en líneas generales era la misma ya expuesta en la Legislatura de Illinois.

Fue el profesor Baringer quien mejor supo valorar los años que Lincoln pasó en Vandalia:

> *En el cenagoso pueblo de Vandalia aprendió y ejercitó las sutilezas de su oficio, bajo el ejemplo y tutela de políticos experimentados. Allí, por primera vez, alternó en una sociedad educada, con hombres y mujeres de fortuna, cultura y educación; allí debatió y escuchó discutir todas las fases de la política nacional y del Estado, y de la teoría económica, tratando los problemas de la esclavitud y la abolición, banca, derechos de los Estados, poder ejecutivo e*

*influencia política, templanza, pena capital, proce-
dimiento judicial, pánico financiero.*

*El período pasado en Vandalia, como influencia
formativa, fue de capital importancia en la asom-
brosa carrera de Abraham Lincoln.*

Desaparecido Andrew Jackson de la escena política (1837),
el pueblo norteamericano prosiguió su marcha hacia un por-
venir que parecía cada vez más prometedor, aunque también
más difícil. Nuevos territorios fueron roturados y surgieron
otros estados y ciudades. La «frontera» avanzaba sin cesar
hacia el oeste, y simultáneamente los puertos de la costa oriental acogían a nuevos grupos de emigrantes, dispuestos a par-
ticipar en la gran migración; los horizontes no cesaban de
ensancharse, la población crecía rápidamente, el bienestar
aumentaba sin tasa, los ferrocarriles iniciarían pronto su marcha también hacia el otro océano y las fábricas surgirían por
doquier como hongos. «Sólo una generación poblaba todo
un imperio», mientras, como dijo Emerson, la nación norteamericana ponía «proa hacia las estrellas».

Cuando en 1792 Eli Whitney inventó una máquina de des-
granar el algodón, poco podía pensar que sería el comienzo de
la revolución económica de los Estados del sur de los EE.UU.,
necesitada a partir de entonces de cada vez un mayor incre-
mento de la mano de obra. De esta forma el problema esclavista y racial se agudizó. Un esclavo negro valía no ya dos-
cientos dólares, sino dos mil.

La producción de algodón trajo una riqueza sin precedentes a la tierra. Se formaron las grandes plantaciones, donde
los dueños, en mansiones señoriales, regían frecuentemente
sobre la vida y la muerte de millares de esclavos. Toda la
fuerza, todo el derecho y el poder policíaco permanecieron
en sus manos. Se iniciaron diversas rebeliones a partir
de 1800. En 1831 lo había hecho Nat Turner y había terminado violentamente como sus antecesores.

En 1835 el gobernador de Carolina del Sur calificaba la esclavitud de «pilar de nuestro edificio republicano», pero ya antes se habían manifestado en contra, como lo había hecho Lincoln, abolicionistas como William Loyd Garrison. En 1831 había escrito al Liberator de Washington:

> Seré duro como la realidad. No me propongo reflexionar, hablar y escribir sobre la esclavitud con moderación. ¡No, no! Decídselo a un hombre que tiene la casa en llamas, que debería dar la alarma con moderación y salvar a su mujer con moderación; díselo a una madre, cuando su hijo ha caído al fuego, que actúe moderadamente...

CAPÍTULO V

LOS SENTIMIENTOS ÍNTIMOS
DE UN HOMBRE PÚBLICO

Lincoln fue tímido con las mujeres, aunque éstas le atraían irremediablemente. La historia, por ejemplo, de su enamoramiento de Ann Rutledge, es ya una leyenda norteamericana.

Billy Herndon pronunció una conferencia en la que llegó a afirmar que «Lincoln amó a Ann Rutledge más que a su propia vida, que la amó con toda su alma, inteligencia y energía. Y cuando Ann murió a los veintitrés años de edad, ya no pudo dormir ni comer ni alegrarse, pues su mente se evadía de su sede... escapándose de sí misma por el aire sin límites, besando y abrazando sombras e ilusiones de su cerebro calenturiento».

Sin embargo, Herndon hablaba solamente teniendo como base unas pruebas sumamente endebles, y fundándose en chismes y en los recuerdos de los ancianos. Cuando se pronunció esta conferencia, hacía ya un año que habían enterrado a Lincoln. Por lo tanto, nadie podía contradecir al conferenciante. Naturalmente, su viuda, Mary, sí protestó vehementemente:

> *Puedo asegurar que lo referente a Ann Rutledge sólo es un mito. Abraham no pudo estar tan enamorado de esa joven porque me aseguró que jamás se preocupó por nadie, más que por mí, y Abraham siempre decía la verdad.*

29

Sin embargo, Ann Rutledge, en la imaginación popular, sigue siendo la novia favorita de Lincoln. Su nombre lo conoce todo el mundo.

Mary Owens

Lincoln cortejó y pidió la mano de la joven Mary Owens sólo un año después de la muerte de Ann Rutledge.

Mary Owens tenía un año más que él, y era de tez blanca, ojos de color azul profundo y pelo oscuro y rizado. Medía 1,64 metros de estatura y pesaba 70 kilos.

Ella y Lincoln se conocieron en Nueva Salem, adonde ella había ido a visitar a su hermana casada. El enamoramiento fue, al parecer, mutuo, y juntos realizaron excursiones y aparecieron en diversas reuniones.

Cuando Lincoln se trasladó a Vandalia para tomar parte en las sesiones de la Legislatura, envió una carta a Mary redactada en los siguientes términos:

> *Contésteme tan pronto como reciba ésta, y si es posible dígame algo que me agrade, porque en verdad nada me ha agradado desde que me separé de usted.*

En otra carta, fechada un año más tarde, cuando él vivía ya en Springfield, decía:

> *Pienso con frecuencia en lo que usted dijo de venir a vivir a Springfield. Temo que no le guste demasiado. Eso está muy floreciente en cuestión de coches y será para usted una desgracia verlo sin poder participar. Tendría que ser pobre y sin medios de ocultar su pobreza. ¿Cree que podría soportarlo con paciencia? Cualquiera que sea la mujer que desee unir su suerte a la mía, si alguna llega a hacerlo*

alguna vez, tengo la intención de hacer todo cuanto pueda para tenerla feliz y contenta; y nada puedo imaginar que me hiciera más desgraciado que fracasar en este intento. Sé que sería mucho más feliz con usted que como estoy ahora, puesto que no vi signos de descontento en usted. Lo que usted me dijo pudo ser una broma o bien pude yo haberlo entendido mal. Si fue así, olvidémoslo; en otro caso, quisiera que lo pensara seriamente antes de decidirse...

Mary Owens no llegó a ser su esposa, y para ello tuvo sus motivos. El principal fue que en cierta ocasión salieron a caballo con unos amigos, y llegaron a orillas de una corriente de agua asaz peligrosa. Todos los caballeros ayudaron a sus damas a cruzar el río, menos Lincoln, que siguió adelante sin volver la vista atrás.

Y cuando Mary se quejó de su falta de cortesía, él le replicó que la consideraba lo bastante inteligente como para cuidar de sí misma.

Una vez que Mary le rechazó, Lincoln se desahogó con una amiga suya, a la que le escribió respecto a la joven:

Mary Owens era bastante gorda y me recordaba a Falstaff*; es un personaje, sumamente gordo, protagonista de la comedia de Shakespeare, Las alegres comadres de Windsor. también me recordaba a mi madre, sin poder evitarlo. Y no porque tuviera las facciones arrugadas, pues su tez tenía demasiada grasa para que pudiese contraerse en arrugas, sino por su falta de dientes y por su aspecto general como curtido por la intemperie.

---

* Falstaff es un personaje, sumamente gordo, protagonista de la comedia de Shakespeare *Las alegres comadres de Windsor.*

Cuando me cercioré del no definitivo de Mary, la verdad es que me sentí mortificado en mil formas diversas. Mi vanidad quedó profundamente herida por la idea de que había sido tan estúpido como para tardar tanto en descubrir sus intenciones y al mismo tiempo por no haber dudado de que las comprendía perfectamente; y también porque me había rechazado, a pesar de todas mis pretendidas grandezas, una mujer a la cual, según había llegado a convencerme a mí mismo, nadie más hubiera querido. Para colmo, empecé entonces a sospechar por primera vez que estaba realmente enamorado de ella. Pero olvidémoslo. Intentaré sobrevivir a esto. Otros han sido engañados por las mujeres, mas esto no puede decirse de mí con propiedad. Esta vez me he engañado a mí mismo de la peor manera. He llegado a la conclusión de que no debo pensar más en casarme. Y por la siguiente razón: nunca logrará satisfacerme ninguna mujer que sea lo bastante necia como para quererme.

Esta carta fue escrita el 1.º de abril de 1838, día que en Estados Unidos se celebra la festividad de los Inocentes, que se denomina *Halloween,* en la que se adornan las puertas de las casas y sobre todo se preparan unas calabazas agujereadas en forma de calavera o cabeza fantasmagórica que se ilumina por dentro, tras haber vaciado la calabaza.

A la tercera va la vencida. Sería a la tercera cuando a pesar de las protestas de Lincoln de que no se casaría nunca, lo haría con Mary Todd, y como veremos, muy enamorado. Pero hasta que esto sucediera tenía que devorar todavía muchos libros. Leyó la Biblia y a Shakespeare, que le caló hondo, y a quien Lincoln terminó por imitar. También leyó los poetas líricos ingleses y, con la madurez, nació en él un profundo

Lincoln, poco antes de ser elegido Presidente de los Estados Unidos.

interés por la literatura jurídica, lo que determinaría su futura carrera.

Abraham Lincoln estaba forjando, como tantos otros compatriotas, él solo, con su esfuerzo, su propio destino, y a la vez iba sentando las bases del futuro mito, un mito que lo haría encarnación del héroe popular, de todo cuanto podía existir de bueno y noble en aquella ruda nación que con tanto ímpetu reclamaba un lugar en la historia. No era ningún arcángel, era un ser humano de carne y hueso, pero pronto se atrajo el respeto y el afecto de todos. Este será su verdadero mito, un mito muy humano y explicable.

CAPÍTULO VI

EL NUEVO LEGISLADOR

Fue a mediados de marzo de 1837 cuando la Legislatura aplazó las sesiones. Lincoln regresó a Nueva Salem, pero los colonos estaban ya abandonando la población e incluso la administración de Correos se había trasladado a Petersburg. Nueva Salem no tardaría en quedar desierta, como una ciudad fantasma más.

Por lo tanto, Lincoln cargó con todos sus enseres y sus libros, y se dirigió a Springfield. Había vivido seis años en Nueva Salem, adonde llegó como un joven tosco y rudo, y de donde salía convertido en un buen político y un mejor abogado. Contaba veintiocho años.

La ciudad de Springfield

Bastantes años antes de la llegada de Abraham Lincoln a la ciudad de Springfield, ésta era ya una población que tenía cierta importancia. Contaba con unos mil quinientos habitantes y tenía cuatro posadas, lo cual daba a la ciudad primacía en todo el Estado de Illinois. La única ciudad que podía rivalizar con Springfield era la ciudad de Chicago, pero debido a que el Congreso había elegido Springfield como sede, Chicago quedaba relegada a un segundo plano.

Gracias al Congreso, la ciudad se convertiría rápidamente en un centro social. Las gentes ricas que llegaban a la ciudad hacían que ésta se embelleciera con casas construidas con ladrillos.

No obstante, todo esto aún no bastaba para hacer de la población una gran capital. Faltarían años para que los habitantes de Springfield modificaran su antigua forma de vida campesina.

Una de las primeras fiestas sociales que se celebraron en la ciudad fue promovida por los diputados que habían llegado a Springfield. Entre el comité que la organizó figuraba Lincoln.

Una anécdota de aquella época es la siguiente:

Cuando llegó a Springfield, lo primero que necesitó fue una cama. Para lograrla, se dirigió al almacén de Joshua Speed, pero cuando el comerciante le dijo que el precio era de 17 dólares, Lincoln puso muy mala cara.

—Probablemente sea barata —alegó el legislador—, pero debo confesar que incluso con tanta baratura, no tengo dinero para comprarla. Ahora bien, si usted quiere concederme crédito hasta la Navidad y tengo éxito en mi intento de abrirme camino como abogado, le pagaré entonces. Si fracaso, jamás podré pagarle.

Speed se compadeció del joven abogado y le respondió con una sugerencia:

—Ya que una deuda tan nimia parece afectarle tanto, le indicaré un sistema que le permitirá conseguir lo que desea sin necesidad de endeudarse. Tengo un dormitorio muy grande con una cama de matrimonio muy grande también. Si desea compartirla conmigo, será bien recibido.

Lincoln echó una ojeada a la habitación, y cuando bajó, muy sonriente, le dijo a Speed:

—Gracias, Joshua, ya estoy instalado.

En Springfield no tardó Lincoln en verse enfrascado en diversos pleitos, asociado a John Todd Stuart, y ocupado también en asuntos políticos. En una carta anónima al

Sangamon Journal, acusó al candidato demócrata para las elecciones de juez testamentario, general James Adams, de fraude y corrupción.

La carta retrataba a Lincoln tal como era entonces: un político desmañado, sin la suficiente formación ética.

Y si Adams era culpable de corrupción, sólo se le podía juzgar ante un tribunal, no desde la columna de un periódico.

De todos modos, su carrera como abogado prosperó, lo mismo que su carrera política. En 1838 fue elegido de nuevo para la Legislatura; en 1839, y en 1840, fue elegido para el cuarto período consecutivo como Legislador. Asimismo, aquel mismo año fue designado elector presidencial en la Primera Convención del Partido Republicano del Estado que eligió como candidato al general William Henry Harrison.

Un enigma político

¿Por qué Abraham Lincoln, hijo de un pobre carpintero, con varios años de pobreza y luchas constantes para abrirse paso en la vida, eligió el Partido Republicano y no el encabezado por Andrew Jackson, más democrático, que ofrecía mejores condiciones de vida al ciudadano medio? La verdad es que Lincoln fue un hombre muy apegado a la tradición, y creía firmemente en el orden económico establecido. Dejaba que Jackson luchase contra los bancos y los monopolios, y en cambio, admiraba los métodos de Henry Clay, el sistema americano que exigía tarifas proteccionistas para las industrias nacientes, abogaba por el desarrollo de los recursos del país, y proponía mejoras internas, exigiendo además estabilidad en la moneda.

Lincoln aprendió mucho en los cuatro primeros períodos de Legislatura, discutiendo, concertando compromisos, y aprendiendo a saber cuándo era preciso ser flexible y cuándo mostrarse duro como el pedernal.

Y su grandeza como Presidente estuvo construida sobre esta base llena de tradiciones americanas.

En los comienzos de una generación de yanquis que adoraban el dinero, y para quienes el dólar era la única medida de éxito, Lincoln proclamaba sin rebozo el desprecio que le inspiraba y su incomprensión en los asuntos financieros. Más de una vez manifestó: «No sé nada de dinero y jamás he tenido que soportar su carga». En la época en que sus compatriotas exigirían que el Sur fuera aplastado, aniquilado por completo, Lincoln afirmaba que mostrarse despiadado equivalía a un suicidio nacional. Mientras los abolicionistas reclamarían pronto con la máxima violencia la liberación de todos los negros, Lincoln, a quien personalmente le horrorizaba la esclavitud, sostendría el mayor tiempo posible que no debían arrebatarse sus bienes a los propietarios. Cuando sus compatriotas le reclamaban medidas extremas, él les predicaba tolerancia y moderación. De esta forma, se adelantaría a su época y quizá por ello, sus compatriotas no acababan de definirle en qué lugar de opinión se hallaba.

Se describió a sí mismo como «el más humilde de todos los hombres elevados al cargo de presidente». Cuando hablaba de su juventud, no la enmascaraba con las fantasías de grandes proezas, simplemente afirmaba: «Sería estúpido pretender deducir algo de mi lejana infancia, años que pueden resumirse en una sola línea, en un verso inspirado en una elegía del poeta Gray, *Los anales breves y simples del pobre*. Estas palabras pueden describir toda mi vida hasta hoy sin más.»

Le gustaba charlar y bromear como el que más y era un narrador maravilloso. Los chismosos decían que le gustaba narrar cuentos más que trabajar, pero no podían dejar de reconocer que sabía trabajar de firme cuando ponía manos a la obra. Los cuentos perduraron durante toda su vida, los narró sin cesar, a veces para probar algo, otras simplemente porque eran divertidos. Pero en los cuentos se percibia algo más:

una honda melancolía que lo anegaba como una ola. Cuando esta melancolía le turbaba, parecía el hombre más triste del mundo y quizá lo fuese. Es probable también que su afición a los cuentos, frecuentemente transformados en parábolas o apólogos le vinieran de la indudable ascendencia judía de su familia, como lo atestiguaban su nombre y el de sus antepasados, así como unos rasgos físicos de su cara, bastante inconfundibles.

CAPÍTULO VII

ABRAHAM LINCOLN ENCUENTRA ESPOSA

La esposa de Lincoln fue la joven Mary Todd. Era una muchacha de buena familia, vivaz y muy temperamental. También atractiva. Poseía una buena educación, hablaba francés correctamente y conocía literatura y música. Era hermana de la esposa de Ninian E. Edwards, casada con el hijo del gobernador, y fue a Springfield en busca de marido.

Ella y Lincoln se conocieron en el invierno de 1839, en un baile celebrado en Springfield, con motivo del traslado de la capitalidad a esta ciudad.

—Señorita Todd —la abordó Lincoln con gravedad—, deseo bailar con usted del peor modo posible.

Y así fue cómo bailó, recordó más adelante Mary.

Desde aquella noche fueron buenos compañeros. Juntos leían libros, recitaban poesías y hablaban de política. La hermana de Mary, en casa de quien se veían, recordó que Mary era la que solía llevar la voz cantante.

> *Lincoln acostumbraba a sentarse a su lado y escuchaba. Apenas pronunciaba palabra, pero contemplaba a Mary como si estuviese irresistiblemente atraído por ella, a causa de una fuerza superior o invisible.*

41

También una sobrina contó:

Mary se vio fascinada por la personalidad de Lincoln, desde su primer encuentro, como él lo estuvo por la gracia y el ingenio de ella. Cada uno halló en el otro esa novedad que tanto gusta a los enamorados. El encontró en ella una alegría burbujeante, un amor entusiasta por la vida. Ella, a su vez, sintióse interesada por la melancolía, la sinceridad y la honradez de Lincoln, por la falta en él de los ociosos halagos y las convencionales galanterías propias de los hombres de su ambiente social. Lincoln jamás había hallado a una mujer como Mary Todd, tan suave y tan equilibrada ante cualquier eventualidad de tipo social. Y ella había encontrado por primera vez un joven con mentalidad dominante, pero de acuerdo con la suya propia.

Durante aquel invierno sus sentimientos se tornaron más profundos y al llegar la primavera, Mary estaba ya decidida. Sería la mujer de Abraham Lincoln.

Sus hermanas intentaron disuadirla de su elección: Abraham no era un buen partido, carente de educación formal y, peor aún, de dinero. Pero Mary se mostró firme en su elección.

Lincoln, por su parte, no se consideró feliz, sino que cayó en uno de sus estados de melancolía. No estaba muy de acuerdo con las ataduras del matrimonio. Y escribió incluso una nota a Mary, confesándole que su amor hacia ella no era lo bastante fuerte como para garantizar una perfecta unión. Pero al enseñarle la carta a Joshua Speed, éste le aconsejó que no se la mandase.

—Es mejor que vayas a verla personalmente y le digas cuanto explicas en esta carta.

Lincoln aceptó el consejo y le comunicó su resolución a Mary. Esta se echó a llorar, él la estrechó entre sus brazos y en lugar de romper el compromiso, lo reafirmó.

Los dos se pelearon, se reconciliaron y volvieron a pelearse. Los arrebatos pasionales de Mary constituían una pesadilla para Lincoln. El día de Año Nuevo de 1841, se enzarzaron en otra disputa y se separaron *para siempre*.

William Herndon, en su biografía de Lincoln, insertó la anécdota de que la boda estaba señalada para aquel mismo día, hechos los pasteles y todo a punto para la boda, todo menos el novio que no se presentó. En realidad, todo esto es absolutamente falso.

Se ignora la razón exacta del rompimiento de sus relaciones. Tres semanas más tarde, Lincoln le escribió a su compañero de bufete, Stuart, lo siguiente:

> *Ahora soy el ser más desdichado del mundo. Si lo que yo siento se distribuyese equitativamente entre toda la familia humana, no se hallaría una sola cara alegre en toda la Tierra. Si alguna vez he de sentirme mejor, es algo que no puedo decir, pero preveo sombríamente que nunca me ocurrirá esto. Seguir como ahora estoy es imposible. Me parece que debo morir o sobreponerme.*

Todos cuantos le veían en aquella época aseguraban que estaba completamente loco. Su amigo James C. Conkling escribió de él:

> *Estuvo encerrado una semana y aunque ahora se le vuelve a ver, está delgado y escuálido, y parece que no puede hablar más alto que un susurro. Su caso actual es deplorable en verdad, y no pretendo asegurar qué perspectivas puede haber de un alivio definitivo. Es indudable que tiene motivos para decir que*

«el amor es un penoso estremecimiento, pero no amar es todavía más doloroso».

Lincoln, desesperado, le pidió consejo a un médico famoso de Cincinnati, el doctor Drake, mas cuando éste quiso ayudarle, recurrió al doctor Anson G. Henry, médico de Springfield, quien le aconsejó el viejo remedio de los corazones desengañados del amor: un cambio de lugar.

Entonces, Lincoln le rogó a Stuart que le proporcionase algún puesto en América del Sur, tal vez en calidad de cónsul. Stuart lo intentó, pero sin ninguna suerte. Por lo tanto, en lugar de trasladarse a Colombia o Venezuela, volvió a visitar a Jashua Speed, cuya familia poseía una hacienda cerca de Louisville.

Llegó a Farmington muy decaído. Incluso pensaba en el suicidio.

Mary abundaba en las mismas ideas negras. Y así le escribió a una amiga:

> *Desde que mis alegres compañías del invierno partieron, me he quedado en gran parte abandonada a la soledad de mis pensamientos y a ciertas persistentes pesadumbres, recuerdos del pasado que sólo el tiempo podrá aliviar con su bálsamo curativo.*

Había transcurrido un año desde la separación. Ahora era Joshua Speed quien se hallaba en el mismo estado de ánimo que Lincoln. Lo cierto era que dudaba si casarse o no con Fanny Henning. Finalmente, se casó y su matrimonio fue un verdadero éxito. Fue entonces cuando Speed le aconsejó a Lincoln que se casara o que, en caso contrario, se olvidase para siempre de Mary Todd. A lo cual contestó Lincoln:

> *Antes de resolverme a una cosa u otra, he de recuperar la confianza en mi propia capacidad de cumplir mis propósitos una vez que los he adoptado.*

A los mandos militares les era difícil organizar a los 70.000 voluntarios que convocó Lincoln.

Ya sabes que hubo un tiempo en que me envane-
cía de esta capacidad, que consideraba como la única,
o al menos, la principal joya de mi carácter; esa joya
la perdí tú sabes bien cómo y cuándo. Todavía no la
he recuperado, y hasta que lo consiga no podré vol-
ver a confiar en mí mismo, en ninguna cuestión de
vital importancia.

Luego, por azar, volvió a ver a Mary en Springfield, y los dos empezaron a verse en secreto, y junto con Julia Jayne, ambos redactaban cartas políticas, anónimas, atacando a James Shields, el Auditor del Estado, que pertenecía al Partido Demócrata.

Pero Shields se informó de quién era el autor de tales cartas, pidió satisfacciones y concertó un duelo con Lincoln, duelo que fue cancelado en el último instante.

Lincoln sintióse tan avergonzado por aquel episodio, que nunca más volvió a enviar una carta anónima.

La boda de Abraham Lincoln con Mary Todd tuvo lugar en 1842. El futuro Presidente de Estados Unidos entraba en la vida matrimonial, feliz, pero ciertamente un poco asustado.

CAPÍTULO VIII

LINCOLN, ABOGADO

Abraham Lincoln abrió el bufete, sucesivamente con tres abogados más, según es costumbre en Estados Unidos: desde 1837 a 1841 estuvo asociado con John T. Stuart; desde 1841 a 1844, lo estuvo con Stephen H. Logan, y desde 1844 en adelante, con William H. Herndon. Fueron estos tres personajes los que más influyeron en su vida.

John Todd Stuart era primo de Mary, y jefe del partido *whig* de Springfield, habiendo sido elegido representante en el Congreso, siendo él quien animó a Lincoln a dedicarse plenamente a la abogacía, pidiéndole después que se asociase con él.

Cuando se produjo la separación, Lincoln se asoció a un juez, Stephen T. Logan, hombre de mente muy ordenada, pero muy descuidado en el vestir. Logan contaba diez años más que Lincoln, y le inculcó a éste el amor al detalle y a la preparación metódica de los casos.

Finalmente, al separarse también de Logan, Lincoln fue al encuentro del abogado William H. Herndon, que sólo tenía veintiséis años. Y de este modo nació la firma de abogados Lincoln y Herndon.

Herndon era muy distinto al otro socio: si Lincoln era más bien frío y metódico, a Herndon le hervía la sangre. Si Lincoln era grave y conservador, Herndon era hombre de orientación radical; si Lincoln poseía el sentido del humor, a Herndon le faltaba en absoluto. Sin embargo, jamás se produjo el menor choque entre ellos. Billy (William) siempre fue leal a Lincoln, pues para él, éste jamás podía equivocarse en nada.

Tenían un despacho muy desordenado, cosa que a ambos les complacía.

A pesar de su trabajo como abogado, Lincoln ya tenía miras más altas, puestas en la política. Deseaba ser miembro del Congreso. Así le escribió a un amigo en 1843:

> *Si ahora oye decir a alguien que Lincoln no quiere ir al Congreso, le ruego que, como amigo personal mío, le responda que usted tiene razones para considerarlo equivocado. La verdad es que me gustaría muchísimo.*

Abraham Lincoln se sintió ofendido, al creer que a él no lo habían querido por «no ser considerado un personaje de alcurnia y distinción familiar y aristocrática, y por no pertenecer a ninguna iglesia, por lo que era sospechoso de deísmo así como por haberse batido en duelo».

Pero en la tercera elección, debido a ciertos manejos suyos fue él el candidato nombrado por el Partido. La campaña fue muy disputada, ya que su rival, el candidato demócrata, que era el predicador metodista Peter Cartwight, era un hombre muy fogoso, hasta el punto de que, con ocasión de penetrar Lincoln en un acto religioso dirigido por Cartwight, éste, después del sermón, exclamó:

—¡Todos los que deseen vivir una vida nueva, entregando sus corazones al Señor e ir al cielo, que se pongan de pie!

Varios obedecieron. Y Cartwight añadió:

—¡Y todos los que deseen ir al infierno que se pongan de pie!

Los restantes circunstantes se levantaron... menos Lincoln. Entonces, el predicador se dirigió hacia él, iracundo:

—Señor Lincoln, ¿a dónde desea ir usted?

—Bueno, no se lo tome usted a mal, amigo mío —respondió Abraham con mucha flema—, yo quiero ir al Congreso.

Sin embargo, los demócratas insistieron tanto en la irreligiosidad de Lincoln, que éste se vio obligado a difundir una nota:

> *Se ha dicho en algunos sectores de este distrito, que hago abierta irrisión del cristianismo. Es cierto que no soy miembro de ninguna iglesia cristiana, pero jamás he negado la verdad de las Escrituras ni jamás hablé con falta de respeto y de manera deliberada de la religión en general ni de ninguna denominación cristiana en particular.*
>
> *Es verdad que en los primeros años de mi vida me incliné a profesar la llamada «doctrina de la necesidad», o sea que la mente humana es impulsada a la acción o apartada de ella por un poder sobre el que la mente no tiene dominio, y que a veces (dos o tres pero nunca en público) he intentado sostener esta opinión durante mis discusiones. Sin embargo, hace más de cinco años que dejé enteramente de discutir en tal sentido.*
>
> *Y añado aquí que siempre tuve entendido que esta misma opinión es mantenida por varias sectas cristianas. Lo que precede es toda la verdad, brevemente declarada, en lo que a mí concierne respecto a este tema.*
>
> *No creo que yo mismo pudiese decidirme a apoyar en unas elecciones a un individuo de quien supiera que es enemigo declarado de la religión o que se burlase de ella. Dejando a un lado la alta cuestión de las eternas consecuencias entre tal hombre y su Creador, no creo que ningún hombre tenga derecho a insultar los sentimientos e injuriar la moral de la comunidad en que vive. Por consiguiente, si yo fuera*

culpable de tal conducta, no censuraría a ningún
hombre que me condenara por ello, pero sí censuro
a los que ponen en circulación tal cargo contra mí.

Esta fue la única declaración que en su vida hizo Abraham Lincoln con respecto a su fe.

Fuese como fuese, lo cierto es que triunfó en aquella elección por 6.340 votos contra los 4.829 de su contrincante.

A continuación, devolvió los 200 dólares que sus amigos le habían prestado para financiar la campaña electoral, excepto 75 centavos.

Su explicación fue la siguiente:

Recorrí el distrito en mi caballo, residí en casa de
mis amigos, por lo que la manutención nada me costó,
y mi único gasto fue el de 75 centavos que empleé en
pagar un barril de sidra para unos labradores que
se empeñaron en que tenía que invitarles.

Muchas veces mezclaba en sus palabras el humor y la sátira. En cierta ocasión, cuando alguien levantó la linterna para iluminar la fisonomía de Lincoln en una noche oscura, éste inició su discurso diciendo:

Amigos míos, cuanto menos me vean ustedes más
afecto me tomarán.

Lo cual indicaba su sinceridad para considerarse exento de atractivo físico personal.

En otra ocasión, cuando oyó hablar de los imponentes funerales de un hombre amigo de la ostentación y del lujo, dijo con gran retintín y arrastrando las palabras:

Si el general X hubiese sabido los magníficos fune-
rales que le harían, habría muerto hace años.

Pero ironías aparte, la gente sabía que era honrado por encima de todo, por eso lo motejaron dignamente como «El Honrado Abe». Todo el mundo sabía que no defendería un pleito, a menos que creyera defender a la parte que tenía razón. Quizá por eso, la primera experiencia en el Congreso no tendría continuidad. Existen tan pocas personas de buena fe dedicadas a la palestra política, que cuando sale una, se hace muy difícil demostrarlo y confiar en ella ciegamente, pensando que no es como la mayoría...

Recorría sin cesar las calles de Springfield, con su descolorido traje negro y su estropeada chistera, donde guardaba sus documentos. Viajaba en carricoche por las fangosas carreteras nuevas del Estado... cavilando, pensando, preguntando, mostrándose triste y compañero jovial, y hombre que se formaba legiones de amigos y que resultaba difícil de comprender. Pronto al mote del «Honrado Abe» sucedió el del «Viejo Abe», y es que había madurado muy deprisa...

CAPÍTULO IX

LINCOLN EN EL CONGRESO

Fue en el mes de diciembre de 1847 cuando se reunió el XIII Congreso, o sea un año y medio después de ser elegido Lincoln, el cual, durante ese tiempo, se dedicó a ejercer su profesión de abogado y recorrer su distrito. En cierta ocasión, defendió los intereses de un herrero que litigaba para recuperar una familia de esclavos fugitiva. Y hay que tener presente que Lincoln era antiesclavista.

En el mes de octubre de aquel año, dejó su casa en arrendamiento y se marchó a Washington con su esposa y sus dos hijos albergándose en la pensión de una tal señora Spriggs. Sin embargo, a Mary no le agradó la vida en la capital de la nación, y unos meses más tarde, ella y los niños regresaron a su hogar.

Por aquel entonces, la guerra con México ya había terminado. Lincoln presentó al Congreso una resolución basada en ocho puntos, preguntándole al Presidente «si el lugar donde se había derramado la sangre de nuestros ciudadanos... estaba o no dentro de territorio español». Ello se debía a que en sus discursos, el Presidente insistía en que era México quien había iniciado la guerra y no Estados Unidos, cosa que los *whigs* ponían en duda.

Tres semanas más tarde, Lincoln volvió a insistir sobre el tema.

Los electores de Lincoln estaban desconcertados. Ellos no le habían votado para defender esta política. Todos sus ami-

53

gos le escribían cartas para que cambiara de actitud. También le combatían los periódicos de la oposición demócrata.

Pero en otras cuestiones, sus electores estaban de acuerdo con él. Lincoln, así, apoyaba la *cláusula Wilmot,* que declaraba que en la totalidad del territorio conquistado a México no podían existir ni la esclavitud ni la servidumbre involuntaria, pero se hallaba en contra de la agitación de los abolicionistas que, según él, sólo servían para causar males.

De todos modos, su actitud contraria a la guerra de México, aunque ya finalizada, impidió que fuese nuevamente elegido, por lo que no pudo desempeñar su segundo período en el Congreso.

Regreso a Springfield

En la Convención *whig* de 1848, Lincoln apoyó la candidatura del general Zachary Raylor para la Presidencia y llevó la campaña en favor de aquél por tierras de Nueva Inglaterra.

Zachary fue elegido y Lincoln se quedó en Washington. Allí fue donde defendió su primer y único caso ante el Tribunal Supremo, y también patentó un «método perfeccionado para elevar los barcos sobre los bajíos».

De regreso a Springfield, libró una verdadera batalla por conseguir un puesto muy beneficioso: Comisario del Departamento General de Tierras.

No lo consiguió pero, cosa sorprendente, cuando aquel mismo año le fue ofrecido primero el cargo de Secretario, y luego el de Gobernador del Territorio de Oregon, los rechazó.

Creía ya que su carrera política había terminado, considerando que había sufrido un gran descalabro en el Congreso. Volvió la espalda a la política y regresó a su bufete de abogado.

La vuelta a la política

Cuando a comienzos de setiembre de 1854, Stephen A. Douglas, en su calidad de presidente del Comité Senatorial de Territorios, presentó un proyecto de ley para organizar los Territorios de Kansas y Nebraska, Lincoln se mostró sumamente excitado, *más que nunca en su vida.*

Douglas presentó aquel proyecto de ley porque si el territorio de Nebraska no se organizaba rápidamente como Estado, el ferrocarril se construiría siguiendo una ruta más al sur. Y Douglas, como Senador por Illinois, quería que la vía férrea cruzara los Estados del Norte, teniendo la terminal en Chicago.

Para esto necesitaba el apoyo de los territorios del sur, de manera que su propuesta tenía que gustar a los políticos sudistas.

Esta proposición levantó una gran tormenta política. Los norteños se preguntaban si unos cuantos colonos diseminados por las lejanas tierras del Sur debían decidir en cuestión tan importante para los intereses del norte.

Al cabo de tres meses de debates de gran virulencia, el Congreso aprobó la Ley de Kansas-Nebraska, afirmando que todos los Estados, estuvieran o no sobre o debajo de los 36° 30' de latitud, podían establecer legalmente la esclavitud.

Los abolicionistas, los abogados antiesclavistas, llevaron al colmo su irritación. Y Lincoln se creyó obligado a intervenir. Lenta y cautamente, según su costumbre, decidió su conducta. A finales de junio de 1854 recorrió el Estado discurseando en favor de su amigo Richard Yates como miembro del Congreso, perorando contra la propuesta de Douglas y contra la ampliación del territorio esclavista.

Stephen A. Douglas llegó a Springfield a fin de hablar a sus electores, y un día más tarde, Lincoln le contestó extensamente, durante tres horas, bajo un sol abrasador que le obligó a despojarse de la chaqueta y hasta del cuello postizo de la camisa.

El 16 de octubre repitió los mismos argumentos en un resonante discurso pronunciado en Peoria.

Allí, Lincoln declaró que como la cuestión de la esclavitud había sido ya resuelta por el Compromiso de Missouri de 1850, no había por qué rechazarlo ahora. Admitía, eso sí, que los Estados del Sur fuesen esclavistas, pero negaba el derecho a que tal indignidad llegase a las tierras del Norte, mucho más liberales.

Sostuvo que era injusto que tal esclavitud se extendiese a Nebraska y Kansas, asegurando que «sería injusto permitir que la esclavitud se extienda a cualquier parte del mundo donde los hombres se sientan culpables al aceptarlo».

La tempestad provocada por la ley Kansas-Nebraska dio al mismo tiempo pretextos a los elementos antiesclavistas del norte. Los granjeros del medio oeste, temiendo la extensión del sistema esclavista de trabajo, constituyeron el núcleo de un nuevo partido —bautizado con un nombre sonoro de vieja raigambre: «Partido Republicano»—, en Jackson —sonoro nombre también que recordaba el duro general-presidente—, localidad del Estado de Michigan. Sucedía esto en 1854. El objeto de este grupo consistía claramente en prevenir el posterior desarrollo de la esclavitud en sus territorios. Pero este objetivo era compartido también por los viejos «Free Soilers», demócratas antiesclavistas y abolicionistas.

El nuevo partido representaba, evidentemente, una cristalización de las ideas de la mayor parte de la opinión pública del norte. Pero era casi un partido regional, y su aparición en la política americana destacaba, esclareciéndola, la división regional del pensamiento americano. La significación de la aparición del nuevo partido se hizo manifiesta con la demostración de su poder en las elecciones de 1856; con John C. Frémont como candidato y la prohibición de la extensión de la esclavitud en los territorios como punto principal de su programa, perdería la mayoría, por sólo medio millón de votos.

La Guerra de Secesión supuso la muerte de miles de soldados dada la violencia con que luchaban.

Fue entonces cuando el norte se dio cuenta de que se hallaba a la defensiva contra la extensión del sistema de trabajo esclavista implicado en la ley Kansas-Nebraska. Y sus peores temores parecieron estar justificados, cuando en la decisión del Tribunal Supremo, en el caso de Dred Scott (1857), su presidente Roger B. Taney declararía que los esclavos no eran ciudadanos, sino propiedad, y que podían ser transportados a cualquier parte de la Unión; que el compromiso sobre la esclavitud o no de Missouri, era anticonstitucional y por lo tanto nulo, puesto que, en efecto, privaba a gentes en las tierras al norte de los 35° y 30' de latitud norte, de su propiedad sin el debido procedimiento legal; y el Congreso, en resumen, no tenía derecho constitucional para prohibir la esclavitud en parte alguna. Esto significaba, en efecto, que la esclavitud podía ser extendida a cualquier parte de la Unión y que ni el Congreso ni ningún Estado podía detenerla. Esto probó a la población del norte que la esclavitud podía ser establecida por encima de ellos; el temor y el repudio de semejante imposición tan sólo era superado por el temor del Sur a la imposición de la libertad.

Abraham Lincoln iba tomando buena nota de todo esto para cuando llegara realmente su hora. De momento, se había limitado a protestar con su vehemencia característica y a atacar una y otra vez todas estas decisiones en favor de la esclavitud.

CAPÍTULO X
LAS DISPUTAS EN FAMILIA

Respecto a la vida matrimonial de Abraham Lincoln mucho se ha hablado y mucho se ha exagerado.

Se cuenta que en cierta ocasión, los vecinos vieron salir corriendo a Lincoln de su casa, perseguido por Mary, que empuñaba un cuchillo. Era domingo por la mañana, y los vecinos iban a la iglesia. Más tarde, los mismos vecinos recordaron que Lincoln obligó a su mujer a entrar en la cocina, gritándole:

—¡Quédate en casa, maldita seas, y no nos desacredites delante del vecindario!

También, en otra ocasión, Lincoln salió persiguiendo a Mary por toda la manzana, vociferando:

—¡Estás poniendo la casa insoportable, condenada!

¿Son reales tales escenas? Lo que sí es seguro es que cuando estaban separados, como la vez en que Mary regresó a Springfield mientras él se hallaba en el Congreso, se escribieron tiernas cartas de amor, como ésta, por ejemplo:

En este mundo tan triste nunca nos hallamos totalmente satisfechos. Cuando estabas aquí me parecía que tu presencia dificultaba un poco mi trabajo; pero ahora que no tengo más que el trabajo, y ninguna diversión, se me ha hecho terriblemente insípido. Aborrezco estar solo en esta vetusta habitación...

Mary Todd, por su parte, le respondió:

> *Me siento cansada y harta al pensar que hoy es*
> *sábado por la noche y nuestros hijos están dormi-*
> *dos... ¡Cuánto desearía que en lugar de escribirte,*
> *pudiéramos estar juntos esta noche! Estoy muy triste,*
> *tan lejos de ti...*

Lo cierto es que era difícil convivir con Lincoln. Por ejemplo: a Mary le encantaba tener muy aseada la casa, en tanto que él era de costumbres muy descuidadas. Empleaba su viejo cortaplumas para cortar la manteca, le gustaba leer tumbado en el suelo, con el respaldo de una silla como soporte, sin botas ni chaqueta y con los tirantes colgando de los pantalones... Una vez, estando de tal guisa, llegaron unas amigas de Mary y, al verle, se echaron a reír para disimular su rubor. La esposa, naturalmente, se indignó.

Los domingos, mientras Mary estaba en el templo, Lincoln se dedicaba a pasear a sus hijitos en un carrito por la acera de la calle Octava. Y al mismo tiempo iba leyendo, *tan abstraído que cuando un niño se caía y empezaba a llorar, él continuaba su marcha sin darse cuenta.* Naturalmente, si Mary, al salir de la iglesia veía a algún niño por tierra, se enfadaba con su marido.

Cuando se suscitaba alguna discusión doméstica, Lincoln se encerraba en su despacho, hosco y silencioso, e incluso comía allí algunos fiambres o galletas, y no se dejaba ver hasta que Mary estaba ya dormida.

Pese a todo, sus rencillas y discusiones siempre se resolvían, porque entre ambos reinaba un verdadero afecto amoroso.

A sus hijos, Lincoln los quería de todo corazón. Tuvieron cuatro: Robert, Edward, William y Thomas. Eddie murió en 1850, que fue el año en que nació William. Cuando entraban en el despacho de su padre podían obrar como quisieran, y tan traviesos eran allí que el abogado Herndon, a veces sentía el deseo *de retorcerles el pescuezo,* y si se contenía era porque sabía hasta qué punto los adoraba su socio.

Lincoln era un hombre indulgente, pero cuando su padre agonizaba ya y su hermanastro le pidió que acudiese a darle el último adiós al anciano, se negó en redondo, alegando:

> *Dile que si nos viésemos ahora, dudo que el encuentro fuese más agradable que penoso, y si es su destino partir ahora, pronto estará alegremente reunido con los muchos seres queridos que se fueron antes y donde el resto de nosotros, con la ayuda de Dios, espero que nos uniremos con ellos dentro de poco.*

Lo cual demuestra que sentía muy poco afecto hacia su padre.

Un vecino que vivió durante varios años junto a la casa de los Lincoln, le recordó a éste del modo siguiente:

> *Lincoln cuidaba personalmente de su caballo, dándole de comer y guarniciéndole; alimentaba y ordeñaba a su vaca y, por lo general, era él quien partía la leña.*

Así de contradictorio era Abraham Lincoln.

El gran novelista norteamericano Nathaniel Hawthorne, una de las mayores figuras de la literatura universal del siglo XIX, se entrevistó con Lincoln en 1862, cuando éste ya era presidente y publicó después sus impresiones en forma totalmente libre y sin el menor formulismo:

> *El presidente Lincoln, nacido en Kentucky, pertenece al Oeste. Sin embargo, es una especie de arquetipo yanqui, que responde incluso en su aspecto físico a la idea que el mundo se ha forjado de nuestro pueblo. Verdaderamente es un hecho*

notable y afortunado que Abraham Lincoln, entre tantos millones de hombres, haya podido reposar su largo cuerpo delgado en el sillón presidencial, donde su primer gesto fue sin duda poner los pies sobre la mesa y bromear con sus ministros. Su escasa habilidad en todas las circunstancias y la torpeza en sus actitudes, son simplemente indescriptibles; y, sin embargo, me ha parecido haberle visto diariamente, haberle estrechado la mano millares de veces en calles pueblerinas. Si no hubiera sabido quién era este hombre, le hubiese tomado por un maestro de pueblo.

Lleva siempre la misma levita de color tirando a verde por el uso, la cual, tanto como el pantalón en forma de tirabuzón, se han adaptado a su cuerpo anguloso, de manera que parecen una segunda piel. Aquel día llevaba zapatillas viejas. Los cabellos son negros, sin una sola cana, crespos y algo hirsutos (no habían visto evidentemente el cepillo, ni el peine). Tiene las cejas pobladas y negras y una nariz grande. Las arrugas que rodean su boca aparecen claramente dibujadas.

Sería preciso buscar durante mucho tiempo en todos los Estados para poder hallar un rostro más feo que el suyo; pero la expresión amistosa de su mirada logra proporcionarle luminosidad. Mucha sensatez, una sabiduría que nada debe a los libros, ningún refinamiento y una honradez que procede directamente del corazón; sin embargo, es de carácter retorcido, en cierto modo manejando siempre un tacto y una prudencia rayanos en la astucia y que, según he observado, ataca los flancos del adversario más bien que de frente.

Considerado en conjunto, he acabado por sentir afecto hacia su rostro gris e inteligente. Por lo que a mi se refiere, el «tío Abe» me parece mejor jefe de este país que cualquier otra persona que intrigue para obtener sus cargos.

CAPÍTULO XI
LINCOLN, REPUBLICANO

Cuando se celebraron las elecciones legislativas de 1854, en Illinois triunfaron los que no querían la ley Kansas-Nebraska. Y aunque el partido *whig* no era demasiado coherente, al menos sus partidarios tenían algo en común: su oposición al esclavismo.

Lincoln deseaba representar a Illinois en el Congreso, aunque fuese como segundo senador al lado de Stephen A. Douglas.

Según su socio Gerndon, «durante aquellos días angustiosos que transcurrieron entre las elecciones generales y la reunión de la Legislatura, Lincoln, igual que Napoleón, durmió con un ojo abierto».

Lo cierto es que Lincoln no dejó de moverse, escribiendo cartas y afanándose en cada instante.

El día de la votación creyó que iba a triunfar. En el primer escrutinio se puso en cabeza con 44 votos, contra los 41 de James Shields, y los 5 de Lyman Trumball. Pero cuando los demócratas abandonaron a Shields y se unieron al gobernador Matteson, Lincoln hizo que sus simpatizantes votaran a Lyman Trumball, que fue así designado senador.

Mientras tanto, la lucha de Kansas desarticulaba toda la vida política del país, y los partidos incluso se dividieron en alas a favor y en contra del esclavismo. Por fin, las facciones antiesclavistas de los republicanos y los demócratas se unieron y formaron el partido republicano.

Lincoln, igual que otros conservadores, no tuvo mucha prisa por entrar en la nueva organización. Pero de pronto, en la primavera de 1856, se decidió y su nombre ya aparece en las listas de los políticos que convocaron una convención anti-Nebraska en Bloomington.

Muchos de sus amigos pensaron que esta decisión iba a arruinar la carrera política de Lincoln, puesto que estaban convencidos de que la mayoría de la nación era esclavista.

Herndon asistió a la Convención de Bloomington, y es de sus notas de las que ahora extraemos su parecer acerca del discurso que allí pronunció Abraham Lincoln:

He oído o leído todos los discursos importantes del señor Lincoln y, en mi opinión, el de Bloomington ha sido el gran esfuerzo de su vida. Antes había discutido contra el esclavismo en el terreno político... o sea el terreno del estadista, sin ahondar en la cuestión del derecho radical y eterno. Ahora pareció nuevamente bautizado y recién nacido a la vida: tenía el fervor de un recién converso; la llama escondida se había inflamado; estalló en un entusiasmo desacostumbrado en él. Le brillaban las pupilas por la inspiración; sentía la justicia; su corazón latía para el derecho; sus simpatías, profundamente enraizadas en él, saltaron con violencia, y se levantó ante el trono de la Justicia eterna.

Su discurso estuvo lleno de fuego, de energía y vigor; fue lógico, fue apasionado, fue entusiasta, lleno de justicia, equidad y verdad, encendidas por los diversos ardores de un alma enloquecida por la injusticia fue duro, poderoso, áspero, fibroso, apoyado en su indignación. Durante unos quince minutos intenté, según mi costumbre, tomar notas, pero después tuve que tirar pluma y papel y viví solamente para la inspiración del momento. Si la estatura nor-

mal de Lincoln era de seis pies y cuatro pulgadas, aquel día llegó a más de siete pies, con la inspiración por añadidura.

Debió de resultar muy difícil tomar nota de aquellas inspiradas palabras, puesto que nadie las transcribió, por cuyo motivo a tan trascendental discurso se le llama «el discurso perdido».

Quince días después de la Convención de Bloomington se reunió en Filadelfia la primera asamblea republicana, que debía nombrar a los candidatos del partido para los cargos de Presidente y Vicepresidente. La votación no oficial designó a Lincoln como apto para la Vicepresidencia con 110 votos. Pero en la votación final el elegido fue L. Dayton, que acompañaba a John C. Frémont para la candidatura presidencial del partido republicano.

La campaña para el Senado

En las elecciones presidenciales de 1856, Lincoln pronunció diversos discursos en favor del candidato republicano, John C. Frémont, pero éste quedó derrotado, siendo nombrado Presidente de Estados Unidos, James Buchanan, de Pennsylvania.

Fue por aquel entonces cuando una sentencia del Tribunal Supremo en el caso del esclavo negro Dred Scott, hizo que las pasiones, más o menos reprimidas hasta aquel momento, estallasen violentamente.

Según dictaba el Tribunal Supremo, un negro no era un ciudadano sino una propiedad, y si el amo suyo se apoderaba de tal propiedad en un territorio donde no existiese la esclavitud, la ley territorial no podía desposeerlo de tal pertenencia. Es decir, según esta sentencia, el Congreso no podía prohibir la esclavitud en ninguna zona de Estados Unidos; o sea que el Compromiso de Missouri que la proscribía más arriba del paralelo 36° 30' de latitud, resultaba anticonstitucional.

Lincoln estuvo en contra de tal decisión, y en un discurso que pronunció en Springfield el 26 de junio de 1857, impugnó la inicua sentencia. Y contra la afirmación del presidente del Tribunal Supremo, según la cual los días de la Revolución habían mejorado la condición de la raza negra, Lincoln opuso:

> *El destino último del hombre de color jamás ha parecido tan desesperado como en los últimos tres o cuatro años. En los tiempos de la Revolución, nuestra Declaración de Independencia se consideró sagrada por todos, y se creyó que incluía a todos los hombres, blancos o de color; pero ahora para hacer universales y eternas las cadenas de los negros, se les ataca y se los escarnece, se los interpreta y se les considera, se les rasga hasta tal punto que si sus autores pudieran levantarse de sus tumbas, no la reconocerían en absoluto.*

Acto seguido, añadió:

> *El señor Douglas sostiene una lógica falsa al decir que los republicanos desean votar, comer, dormir y casarse con negros. ¿Por qué hay quien llega a la conclusión de que, ya que no quiero a una mujer negra por esclava, he de quererla forzosamente por esposa? No la necesito ni la deseo para ninguna de las dos cosas, pudiendo sencillamente dejarla tranquila. Claro está que en muchos aspectos, la mujer negra no es mi igual, pero en su derecho natural de comer el pan que gana con sus manos sin pedir permiso sí es mi igual e igual a todos los demás.*

Visita de Lincoln al general Mc Clellan, a quien encargó la defensa de Washington.

Esta forma de pensar le atrajo más amigos. Su postura era diáfana y atraía a las mentes moderadas. Lincoln pedía, en suma, obediencia a las leyes y a la Constitución en todos sus puntos. Y puesto que las leyes de la nación protegían la esclavitud, él no se oponía a tal cosa allí donde existía, pero se negaba a permitir que se extendiese más.

Mientras tanto, en Kansas proseguía la lucha por la esclavitud en aquel territorio. La Legislatura esclavista, reunida en Lecompton, propuso la introducción de un artículo en la Constitución garantizando el derecho de los propietarios de esclavos, con lo que el esclavismo perduraría en dicho territorio, a pesar de que el pueblo votase en contra.

En el Norte se consideró tal proyecto como un engaño. Y cuando el presidente Buchanan, deseoso de conservar la unidad dentro de su partido, recomendó la admisión de Kansas como Estado esclavista, en todo el país resonó una protesta contra esta recomendación. El senador Douglas condenó la propuesta de Lecompton como una violación flagrante de la soberanía popular y rompió con la Administración.

Lincoln aprovechó aquella oportunidad de llegar al Senado. Pero antes debía derrotar la propuesta de los políticos del Este, invitando a los republicanos de Illinois a apoyar al demócrata Douglas en su combate contra Buchanan.

El 15 de mayo de 1585, Lincoln le escribió a un amigo:

Creo que nuestras perspectivas mejoran gradual y firmemente, aunque no hemos salido claramente de dudas. Todavía hay quien se esfuerza por armar confusión en torno al «americanismo». Si logramos superar esta dificultad, saldremos de dudas en todo lo demás.

En junio del mismo año, la Convención Republicana del Estado de Illinois declaró a Lincoln primer y único candidato al Senado.

Lincoln preparó ya su discurso de aceptación, pero al leerlo a sus íntimos, éstos sintiéronse defraudados, especialmente por el párrafo que decía:

> *Una casa dividida no puede sostenerse. Opino que esta Administración no podrá ser de manera permanente medio esclava y medio libre... sino que debe transformarse íntegramente en uno u otro sentido.*

Lincoln, pese a las críticas, se negó a alterar ni una sola palabra.

Cuando Douglas supo que su rival para el Senado era Lincoln, reconoció que éste era un adversario honrado y digno, contra el que le resultaría muy difícil luchar.

La campaña senatorial

Fue una campaña muy dura la que llevaron a cabo Douglas, por los demócratas, y Lincoln, por los republicanos. Los debates, siempre acompañados por charangas y desfiles, a los que los norteamericanos siempre han sido tan aficionados, no cesaron durante la misma, tanto en Charleston como en Galesburg y en todas las demás localidades donde ambos candidatos pronunciaron sus discursos.

Lincoln, durante aquellos días, amplió todavía más sus ideas, aclarándolas sucesivamente en cada una de sus peroratas.

En Quincy, donde se celebró el sexto debate, Carl Schurz vio a Lincoln por primera vez, y lo describió como sigue:

> *Llevaba en la cabeza un sombrero de copa bastante ajado. Su cuello nacía, largo y nervudo, de un cuello postizo blanco, doblado sobre una corbata negra, estrecha. Su cuerpo, flaco y desgarbado, estaba arrojado en una chaqueta raída, de color negro, cuyas mangas deberían ser más largas, pero sus brazos*

eran interminables, que difícilmente podía esperarse que aquellas mangas llegasen a sus muñecas. En el brazo izquierdo llevaba un chal de lana gris, que debía servirle por si refrescaba el tiempo. Los pantalones, también negros, permitían ver sus anchos pies. En la mano derecha sostenía un paraguas de algodón de los que se abren tarde y mal, y una mochila negra que mostraba las huellas de un uso largo y continuado.

En el último debate, Lincoln hizo como un resumen de sus ideas:

> *El verdadero problema de esta controversia, el único que se halla en todas las mentes, es la contraposición entre el sentir de un sector del país que considera injusta la institución de la esclavitud y el sentir de otro sector que no la cree injusta. Los republicanos la consideramos moral, social y políticamente injusta; y no obstante, pese a esto, sentimos decididamente su existencia efectiva entre nosotros y las dificultades de eliminarla de un modo satisfactorio, así como todas las obligaciones constitucionales existentes a su alrededor. Si alguno de nosotros cree que la institución de la esclavitud no es injusta en cualquiera de sus aspectos, está fuera de lugar y no debe hallarse con nosotros.*

Fue Douglas quien se llevó la palma en las votaciones. Lincoln tuvo que aguardar una nueva oportunidad.

CAPÍTULO XII

LA GRAN CONVENCIÓN
DEL PARTIDO REPUBLICANO

A partir de aquellos días, Lincoln no dejó de pronunciar discursos y debatirse, según muchos ya pensaban más que probable, camino de la Presidencia de Estados Unidos. Finalmente, en la Convención Republicana de Illinois, se declaró que:

> *Abraham Lincoln es el elegido por el Partido Republicano del Estado de Illinois como candidato a la Presidencia y los delegados de este Estado tienen instrucciones para emplear todos los medios honrados a fin de conseguir su nombramiento por la Gran Convención de Chicago y votar en bloque a su favor.*

La Gran Convención de Chicago

Fue en Chicago, ciudad de 110.000 habitantes a la sazón, donde iba a celebrarse la Gran Convención de los republicanos para elegir a sus candidatos definitivos. Lincoln no acudió, prefiriendo quedarse en Springfield. Sin embargo, todos sus simpatizantes estaban en Chicago.

La oposición era muy dura, con un candidato que también contaba con grandes apoyos: William H. Seward, jefe reconocido del Partido. Los debates fueron largos y trabajosos para los partidarios de Lincoln, y en medio de una excitación casi sin precedentes, se procedió a la votación. La primera fue como sigue:

Massachussetts dio 21 votos a Seward y 4 a Lincoln. La mayoría de Rhode Island fue a parar al juez McLean, y la de Connecticut a Bates. El Maine le concedió 10 votos a Seward y 6 a Lincoln. Nueva Jersey se inclinó por Dayton. Penssylvania votó mayoritariamente a Simon Cameron. Mayland y Delaware votaron a Bates. Virginia otorgó 8 votos a Seward y 14 a Lincoln. Kentucky dividió sus preferencias entre cinco candidatos, lo que fue fatal para todos ellos: Seward, Lincoln, Chase, McLean y Sumner. Ohio votó por Chase, pero Indiana dio la mayoría absoluta a Lincoln. Missouri la dio a Bates; Michigan, Wisconsin y Texas se los llevó Seward, e igual triunfo le correspondió a éste en California y Minnessota. Oregon apoyó a Bates. Y los territorios de Kansas, Nebraska y el Distrito de Columbia, concedieron un total de 10 votos a Seward.

En total, el resultado fue: 173,5 votos para Seward y 112 para Lincoln.

Sin embargo, en la segunda votación, Lincoln ganó 79 votos más, con sólo tres y medio menos que su contrincante Seward.

Lo cierto es que para lograr la nominación era preciso obtener 233 votos.

En la tercera votación, Lincoln consiguió 4 votos de Massachussetts, 1 de Rhode Island, 4 de Penssylvania y 9 de Maryland. Es decir, le faltaban 1 voto y medio para resultar elegido. Fue entonces cuando uno de los representantes de Lincoln, Joseph Medill, le susurró al oído a David Catter, presidente de la delegación de Ohio:

—Si usted inclina a su delegación hacia Lincoln, Chase obtendrá lo que quiera.

¿Influyeron estas palabras en el ánimo de Catter? Lo cierto es que éste se puso de pie y tartamudeó entre un silencio sepulcral:

—Señor Presidente, debo anunciar que nosotros transferimos cuatro votos del señor Chase al señor Lincoln.

¡Lincoln era ya candidato a la presidencia de Estados Unidos por el Partido Republicano!

Presidente de la nación

Naturalmente, Lincoln, a partir de aquel instante, recibió una ingente multitud de visitantes en su bufete de Springfield, o en la Casa del Estado. Hubo pintores que le retrataron, fotógrafos que desearon inmortalizarlo en sus clichés...

Lincoln prefirió no hacer declaraciones doctrinales ni políticas. En realidad, eran muy buenas las perspectivas de una victoria republicana en las elecciones presidenciales. Los demócratas se presentaban con Douglas, por el ala norte, y el bando sudista escogió a John C. Breckenridge, que representaba a los intereses de la esclavitud.

El resultado final de aquellas elecciones fue:

Lincoln: 1.866.452 votos populares.
Douglas: 1.376.957.
Breckenridge: 849.781.
Bell-Everett: 588.897*.

¡Abraham Lincoln era el nuevo Presidente de Estados Unidos!

Resulta interesante exponer aquí las instituciones del gran país y su mecanismo, aunque sólo sea en síntesis.

Estados Unidos de América constituyen un estado federal en el que coexisten instituciones federales e instituciones locales (de cada uno de los Estados y otras entidades loca-

---

* Bell-Everett era el candidato de un grupo de *whigs* y otros, llamados los ignorantes, o sea los del *No comment*.

les). La constitución de los Estados Unidos es la más antigua de las constituciones escritas actualmente en vigor. Elaborada en 1787, fue adoptada en 1789, y desde entonces ha sido objeto de 26 enmiendas, las primeras tendentes a atenuar la autoridad de la Unión sobre los Estados, y la mayoría de las siguientes, por el contrario, a reforzar la autoridad del poder federal.

El presidente desempeña simultáneamente las funciones de Jefe del Estado y Jefe de Gobierno durante un período de cuatro años y no puede ser reelegido más que una sola vez. Al principio no se había establecido ninguna limitación, pero como el primer presidente, George Washington, se presentó solamente dos veces, así quedó establecido por la costumbre.

Franklin Roosevelt rompería esta tradición y sería reelegido por tres veces más, tras la primera. La enmienda número 22, votada en 1947, prohibió que un presidente desempeñara más de dos mandatos. El presidente es designado por los compromisarios («electores presidenciales») que son elegidos por cada Estado en un número igual a la suma de diputados y senadores que le representan en el Congreso de Washington.

Al principio cada Estado designaba a sus electores por el sistema que prefería, pero a lo largo del siglo XIX todos los Estados fueron adoptando el mismo sistema: son los ciudadanos quienes eligen directamente por medio del sufragio universal a los electores presidenciales y éstos son investidos de un mandato imperativo por costumbre, aunque en seis Estados es por obligación. Las elecciones presidenciales duran casi todo un año y comprenden tres frases: 1) Designación de los candidatos para la convención nacional de cada partido, que normalmente tiene lugar en julio (los delegados en las convenciones son nombrados de forma distinta en cada Estado, aunque tiende a generalizarse el sistema de las elecciones primarias. 2) Designación de los electores presidenciales, que se celebra el martes siguiente al primer lunes de noviembre. 3) Elección del presidente, el segundo lunes de enero del año siguiente. El presidente dirige la política de la Unión. Para cumplir esta misión dispone de su gabinete, formado por los Secretarios de Estado, o ministros, a quienes nombra y destituye.

El vicepresidente tiene como misión primordial sustituir al presidente por muerte, dimisión o imposibilidad para cumplir sus funciones. Puede presidir el Senado, pero solamente vota en caso de empate.

El poder legislativo reside en dos cámaras: la Cámara de representantes y el Senado que juntos configuran el Congreso de los Estados Unidos. Los representantes son elegidos cada dos años, en número proporcional al de los habitantes de cada Estado. Los senadores son elegidos por un período de seis años, y un tercio de ellos es renovado cada dos años; cada Estado tiene dos senadores. Las Cámaras se reúnen separadamente y practican el sistema de comisiones permanentes y especializadas.

CAPÍTULO XIII

UN CAMBIO DE VIDA

Abraham Lincoln, junto con su familia, tuvo que trasladarse a Washington a fin de ocupar la Casa Blanca. Esto significaba un cambio de vida completo. Debía abandonar la placidez de Springfield por el bullicio, las fiestas, las visitas repletas de quejas y peticiones, de la capital federal.

Cuando durante el viaje Lincoln llegó a Filadelfia, le salió al paso Allan Pinkerton, para advertirle que existía un complot para asesinarle en Baltimore. Lincoln se rió de tal aviso, pero cuando volvieron a darle otro informe igual, cambió su plan de viaje, y al llegar a Harrisburg se marchó por otra ruta, acompañado únicamente por su amigo Hill Lamon, además de ponerse otras ropas de viaje. Un periodista llegó a decir que el nuevo presidente *se había disfrazado y huido como un cobarde.*

La llegada a Washington

Inmediatamente después de llegar a Washington, Lincoln reunió a los miembros de la Conferencia pro Paz. Les dijo a los delegados que intentaban restaurar la unidad de la nación, harto dividida, las siguientes palabras:

> *Mi postura es tan llana como una carretera de peaje. No vacilo en la dirección a seguir. Supongamos ahora que todos dejamos de discutir e inten-*

tamos el experimento de obedecer a la Constitución
y a las leyes. ¿No creen que esto ha de dar buen
resultado?

El día de la toma de posesión el tiempo fue semejante al estado de la nación: cielo despejado con alternancia de nubes. Por las calles circulaba el rumor de que se iba a asesinar a Lincoln. Las autoridades de la capital federal estaban en estado de alerta, con fusileros situados en los tejados de las casas a lo largo de la Avenida de Pennsylvania, donde está ubicada la Casa Blanca, y vigilaban las ventanas de los edificios colindantes, con orden de hacer fuego en caso de que se intentase disparar desde alguna ventana contra el carruaje presidencial.

A mediodía, el presidente saliente, James Buchanan, visitó al presidente entrante en su hotel y después, los dos juntos marcharon por la Avenida Pennsylvania.

Después, el vicepresidente electo, Hannibal Hamlin, prestó juramento, tras lo cual Lincoln fue escoltado hasta el porche del Capitolio, y allí su viejo amigo Edward Dickinson Baker efectuó la presentación del nuevo Presidente de Estados Unidos.

Lincoln buscó un sitio donde depositar su flamante sombrero nuevo. Dice la tradición que Stephen A. Douglas se adelantó y lo sostuvo en sus manos. Luego, sacando del bolsillo unas hojitas impresas, que era el juego de pruebas de su discurso que el cajista de Springfield había compuesto para Lincoln, en secreto, y que tenía ya muchas correcciones hechas por la mano del Presidente entrante, éste se caló las gafas y empezó a leer su discurso.

Por lo visto, existe entre el pueblo de los Estados
del Sur cierto recelo de que, debido al advenimiento
de una Administración republicana, su propiedad,
su paz y su seguridad personal estarán en peligro.

Asalto victorioso a Vicksburg del general unionista Grant, el 4 de julio de 1863.

No, no tengo el menor intento de entrometerme, directa o indirectamente, en la institución de la esclavitud en los Estados donde existe ésta. Creo que no dispongo de ningún derecho legal para hacerlo y no me siento inclinado a ello.

A continuación, y para calmar los ánimos de los Estados del Sur, prometió solemnemente que se atendría estrictamente a lo dispuesto en la ley de esclavos fugitivos, que «está claramente escrita en la Constitución como todos los demás preceptos».

Después, recordó a sus oyentes que la Constitución se había redactado para formar una Unión más perfecta, más idónea.

Pero si la destrucción de la Unión por parte de los Estados del Sur, o sólo por parte de uno de ellos, fuera legalmente posible, la Unión sería menos perfecta que antes, lo que estaría en contradicción con la Constitución y, por lo tanto, esto sería un absurdo.

También añadió en su discurso inaugural:

Para todo lo que me propongo hacer no se necesita ningún derramamiento de sangre ni violencia alguna; y no habrá nada semejante a no ser que se obligue a ello a la autoridad nacional.

El poder que se me ha confiado se empleará en mantener, ocupar y poseer las propiedades y lugares que pertenecen al Gobierno, y en recaudar derechos e impuestos, mas fuera de lo que pueda ser necesario para llenar estos objetivos no habrá invasión ni empleo de fuerza contra o entre el pueblo de ninguna región.

Después, se refirió a los que realmente amaban la Unión diciendo:

La idea básica de la Secesión es la esencia de la anarquía. Sustancialmente, la disputa se funda en que una parte de nuestro país cree que la esclavitud es justa y debería extenderse, mientras que otra parte cree que es injusta y no debe ser extendida ni propagada.

En realidad, físicamente hablando, no podemos separarnos. No podemos separar nuestras secciones respectivas una de otra ni construir una muralla infranqueable entre ellas.

Este país, con sus instituciones, pertenece al pueblo que lo habita. Y siempre que este pueblo esté descontento con el existente sistema de gobierno puede ejercer su derecho constitucional de enmendarlo o su derecho revolucionario de desmembrarlo o derribarlo.

A continuación habló para la gente del Sur:

En vuestras manos, mis descontentos ciudadanos, no en las mías, está la cuestión trascendental de la guerra civil. El gobierno no quiere combatir contra vosotros. No podéis tener conflicto sin ser vosotros los agresores. No tenéis grabado en el cielo ningún juramento de preservarlo, protegerlo y defenderlo.

Se cree que el discurso terminaba con las anteriores palabras, pero al parecer, William Seward propuso añadir un párrafo llamando a la conciliación, y Lincoln modificó las escuetas y frías frases de Seward con una prosa un poco más poética:

Lamento tener que finalizar mi discurso. No somos enemigos sino buenos amigos. No podríamos ser enemigos. Aunque la pasión pueda haber retorcido nues-

83

tros vínculos de afecto, no los ha roto. Los mismos
acordes del recuerdo, extendiéndose desde cada
campo de batalla, desde la tumba de cada patriota,
hasta todo corazón viviente, hasta todo hogar, sobre
toda esta vasta tierra, henchirán aún el coro de la
Unión, cuando sean nuevamente pulsados, como
seguramente lo serán, por los más nobles emisarios
de nuestra naturaleza.

Acto seguido, el Presidente prestó juramento y de todas las gargantas de los presentes brotó un vítor en honor del decimosexto presidente electo de Estados Unidos.

CAPÍTULO XIV
RETRATO DE UN PRESIDENTE

La descripción de cómo era Abraham Lincoln se conoce de manera especial gracias a Billy Herndon, su compañero de bufete, que durante veinticuatro años pudo observarle atentamente.

Lincoln medía 1,92 metros de estatura y al abandonar la ciudad donde vivía para trasladarse a Washington, contaba cincuenta y un años de edad.

Gozaba de buena salud y en su cabellera apenas se veían unos cabellos grises. Era delgado, fibroso, nervudo y huesudo, de pecho no muy hundido y estrecho de hombros.

Cuando estaba de pie solía encorvarse adelante; era lo que podría llamarse cargado de hombros, y su constitución general tendía a la delgadez.

Solía pesar 81 kilos y su organismo, o mejor su estructura y sus funciones orgánicas, trabajaban a ritmo lento. La sangre tenía que recorrer una gran distancia desde su corazón a los extremos de su cuerpo, y su fuerza nerviosa debía viajar largos trayectos por un terreno árido antes de que sus músculos obedecieran a su voluntad.

Su tez era laxa y coriácea; su cuerpo, contraído y arrugado, tenía la piel morena, el pelo endrino, y semejaba siempre algo asombrado.

Toda su persona, cuerpo y mente, funcionaba despacio, como si necesitara un poco de aceite. Físicamente, era muy fuerte, y levantaba con facilidad 180 kilos, y en cierta ocasión pudo levantar 270.

Su mente era como su cuerpo y funcionaba lenta pero enérgicamente. De esto resultaba que sufría muy poco desgaste corporal o mental. Esta peculiaridad de su constitución le procuró grandes ventajas en su vida pública.

Cuando andaba se movía cauta pero firmemente. Sus largos brazos y sus enormes manos colgaban balanceándose a cada costado. Caminaba con paso uniforme, conservando paralelos los lados interiores de los pies. Pisaba con toda la superficie del pie a la vez, sin apoyar antes el talón; del mismo modo levantaba todo el pie simultáneamente, sin iniciar el movimiento por el tobillo y, por lo tanto, andaba sin altibajos.

Su marcha era ondulatoria, la fatiga y el dolor, así como el cansancio, se almacenaban por todo su cuerpo, evitando que se fijasen en un lugar determinado.

La primera impresión que causaba a quien no le conocía, o a un individuo poco observador, era que su paso denotaba el temperamento mañoso y astuto propio de un hombre artero; pero en realidad era el paso de la prudencia y de la firmeza.

Cuando se sentaba en una silla corriente no era más alto que un hombre normal. Sus brazos y piernas eran anormal y extraordinariamente largos y desproporcionados con el resto del cuerpo. Sólo de pie sobresalía de los demás.

La cabeza de Lincoln era alargada y alta, tanto por la frente como por el occipucio. Su rostro se inclinaba hacia atrás y su frente se levantaba a medida que iba

retrocediendo, y la talla de su sombrero, que era medida
con la horma del sombrerero, era siete y un octavo;
su cabeza medía, de oreja a oreja, 16 centímetros, y
desde la frente hasta la nuca, 18 centímetros y medio.
Medida de este modo, su cabeza no era inferior al
tamaño medio. Tenía la frente estrecha pero alta, el
pelo oscuro, casi negro, y se quedaba flotando donde
sus dedos o el viento lo dejaban, peinado al azar.

Los pómulos eran altos, en punta y protuberantes;
las mandíbulas anchas y curvadas hacia arriba; la
nariz era ancha, larga y sin filo, un poco torcida hacia
el ojo derecho; tenía el mentón saliente y levantado;
las cejas brotaban como grandes rocas en lo alto de
una montaña; su cara, larga y llena, estaba arrugada
y seca; sus mejillas eran correosas y sus anchas ore-
jas aparecían dobladas casi en ángulo recto.

El labio inferior era grueso, el cuello liso y firme,
con la cabeza bien equilibrada sobre él. Finalmente,
destacaban la verruga sobre la mejilla derecha y la
nuez, en su garganta.

Este era el aspecto de Abraham Lincoln cuando andaba y
accionaba. No era guapo, pero tampoco era feo; era un hombre llano, despreocupado de su apariencia externa, normal en
su aspecto y en sus acciones. No había en él pompa ni ostentación ni menos dignidad afectada. Era sencillo en su aspecto
y sus modales. Era más bien un hombre triste que iba derra-
mando melancolía a su paso.

Otro retrato fue el hecho por John G. Nicolay, secretario
particular de Lincoln:

El aspecto externo de Lincoln dependía mucho de
su estado de ánimo. El amplio cuadro de sus faccio-
nes era grandemente modificado por las emociones
que lo dominaban. Una delicadísima pincelada de

un pintor frecuentemente cambia totalmente la expresión de un retrato; la incapacidad para hallar el necesario toque maestro causa el repetido fracaso de las esperanzas más queridas de un artista.

En un rostro de fuertes líneas y violentas masas como el de Lincoln, el alzarse de una ceja, la curvatura de un labio, un pestañeo, los movimientos de los músculos prominentes crean un juego facial mucho más amplio que el que se efectúa en caras redondas y menos móviles.

Las facciones de Lincoln eran la desesperación de todos los pintores que intentaron trazar su retrato. El arte gráfico era impotente ante un rostro que se movía en un centenar de delicadas gradaciones de línea y contorno, de luz y de sombras; en el brillar de una pupila y en la curvatura de un labio; ante la amplia gama de expresión que iba de la gravedad a la alegría, y pasaba de la retozona festividad de una carcajada a aquella mirada seria y abstraída que con intuiciones proféticas contempló el terrible panorama de la guerra y escuchó el llanto del sufrimiento y la opresión. Hay muchas fotografías de Lincoln, pero no hay ningún retrato.

Asimismo, el poeta Walt Whitman se mostró de acuerdo con Nicolay:

Ni un solo artista supo captar la profunda, sutil e indirecta expresión del rostro de este hombre. Sólo han visto lo superficial. Pero en esa cara hay algo más. Haría falta para pintarla uno de los grandes retratistas de hace dos o tres siglos.

Era cierto: en aquel rostro había algo tremendamente insondable.

CAPÍTULO XV

EL CARÁCTER DE ABRAHAM LINCOLN

Lincoln tenía un carácter bastante complicado. Era un hombre de pocas palabras y de pensar mucho. También leía poco, y en cambio era un verdadero conocedor de todo. En cierta ocasión, dijo: «Soy lento en aprender y lento en olvidar lo que he aprendido. Mi mente es como una pieza de acero; muy difícil de arañarla, pero una vez que se ha logrado grabar en ella alguna cosa es casi imposible borrarla».

Le gustaba leer en voz alta, y cuando le preguntaron el porqué de esta costumbre, respondió: «Así capto la idea mediante dos sentidos: la vista y el oído, porque cuando leo en voz alta oigo y veo lo escrito; por lo tanto, son dos los sentidos que captan la idea y de este modo la recuerdo mejor e incluso la comprendo mejor».

Era amable, magnánimo incluso y humilde, sin tener una falsa modestia. Consciente de sus cualidades, estaba convencido de su superioridad. John Hay, otro secretario suyo que le conoció y observó durante años, aseguró que era absurdo considerar a Lincoln como un hombre modesto.

No existe un hombre grande realmente modesto. Era la arrogancia espiritual y la inconsciente afirmación de su superioridad lo que hombres como Chase y Summer nunca pudieron perdonarle.

No era tacaño aunque solía mirar el dinero con sumo cuidado. Cuando murió dejó unos 90.000 dólares que, bajo la sabia administración del juez David Davis, se convirtieron en 110.974,62.

Lincoln, no obstante, fue un mal administrador, sin que existiese coordinación entre los departamentos del poder ejecutivo. Sus relaciones con el Congreso fueron siempre pésimas, pues Lincoln carecía del don de conquistar la buena voluntad de los políticos de la oposición.

Según su biógrafo Lorant:

> *Abraham Lincoln tenía fe en el pueblo, fe en la bondad básica de los hombres y fe en la democracia. Y creía que el pueblo, cuando se confía en él, devuelve esta confianza con creces.*

Por otra parte, sabía escuchar las historias de las mujeres y madres de soldados, que acudían a él solicitándole ascensos o indultos. Les ayudaba siempre que le era posible. Y cuando podía salvar una vida, no dudaba en hacerlo.

En una de sus notas al Secretario de la Guerra, decía:

> *Ordene que el ayudante general averigüe si el segundo teniente de la compañía del segundo regimiento de infantería, Alexander F. Drake, merece un ascenso. Su esposa cree que sí.*

En otra nota, ponía:

> *Hoy, la esposa del comandante Paul, del ejército regular, me ha visitado para pedirme el ascenso de su marido, a general de brigada. Es una mujer inaguantable y temo que seguirá atormentándome si no accedo a sus deseos.*

Algunas de las notas enviadas a Stanton demuestran lo agudo de su humor. Por ejemplo, en una en la que anulaba unas sentencias de muerte contra unos soldados que huyeron durante un combate, Lincoln escribió:

Esos muchachos se asustarían mucho si se les fusilase.

Además, era un hombre tenaz como muestra el intercambio de notas entre él y el Secretario de la Guerra:

Querido Stanton:
Nombre a esta persona capellán castrense.
A. Lincoln.

Querido señor Lincoln:
No es predicador.
E. M. Stanton.

Querido Stanton:
Ya lo es.
A. Lincoln.

Querido señor Lincoln:
No hay vacantes.
E. M. Stanton.

Querido Stanton:
Nómbrele capellán adjunto.
A. Lincoln.

Querido señor Lincoln:
No hay forma legal de hacerlo.
E. M. Stanton.

Querido Stanton:
Nómbrele como sea.
                    A. Lincoln.

Querido señor Lincoln:
No quiero.
                    E. M. Stanton.

Pero no era Stanton quien tenía siempre la última decisión y así, cuando Lincoln le ordenó personalmente que Jacob R. Freese, de Nueva Jersey, fuese nombrado coronel de un regimiento de color, «y lo quiero aunque no sepa quién era el padre de los hijos del Zebedeo», Stanton no pudo resistirse a ello.

Son muchos los casos, citados por sus biógrafos, y por el testimonio de quienes le rodeaban más íntimamente, en que se demuestra el sentido de su religiosidad.

A finales de 1864, dos señoras de Tennessee le pidieron la libertad de sus respectivos esposos, prisioneros de guerra.

El Presidente ordenó poner en libertad a uno de ellos, cuya mujer repetía incesantemente que era un hombre muy religioso.

—Usted asegura que su marido es un hombre religioso —le espetó Lincoln a la dama—; pues bien, cuando se reúna usted con él, dígale que yo no entiendo mucho de religión, pero que a mi entender, la religión que impulsa a los hombres a rebelarse y luchar contra su gobierno porque, a su juicio, el gobierno no ayuda suficientemente a algunos hombres a comer el pan ganado con el sudor de las frentes de otros, no es la clave para llegar al cielo.

A Abraham Lincoln le gustaba mucho reír, y solía ilustrar cuanto decía con historietas que tenía registradas en su mente, o que debía inventarse en el momento.

Uno de los muchos enfrentamientos fraticidas entre tropas confederadas del Sur y unionistas del Norte.

Por esto, cuando le preguntaron si le molestaban los ataques durísimos de que le hacía objeto Horacio Greely, respondió:

—Esto me recuerda el caso del hombretón que se dejaba pegar sin resistencia por su menuda mujer. Cuando sus amigos le recriminaron por ello, él replicó: «Dejadla, a mí no me hace daño y ella se queda muy contenta».

Así era Abraham Lincoln: abierto, silencioso a veces, tenaz, siempre contradictorio. Es decir, un hombre muy normal.

CAPÍTULO XVI
CÓMO VIVÍA ABRAHAM LINCOLN

Lincoln solía levantarse muy temprano. A las 8 ya se había desayunado, tomando una taza de café, un huevo y una tostada.

Después, leía el correo, según recordó su secretario:

> *Escribía muy pocas cartas. No leía ni una entre cincuenta de las que recibía. Cuando lo hacía, escribía de su puño y letra tal vez media docena de cartas a la semana, no más.*

Su jornada oficial empezaba a las 10, pero las antesalas y vestíbulos estaban llenos mucho antes de esa hora. Al principio concedía audiencias casi a cualquier hora del día, pero cuando aumentó el número de visitantes, limitó el horario de visitas de 10 a 15 horas, y más adelante de 10 a 13.

Sin embargo, Lincoln era incapaz de atenerse a sus propias reglas, pues no era metódico ni experto en el modo de llevar los negocios.

> *En cuanto se establecía un reglamento para las audiencias —recordó también su secretario—, lo rompía inmediatamente. Desaprobaba cualquier medida que alejase de él a la gente, a pesar de que le amargaban la existencia con sus quejas y peticiones irrazonables.*

Los miembros del Gobierno tenían preferencia, y después los senadores y congresistas, que la mayoría de veces iban acompañados por sus representados. Los martes y los viernes aquellos «baños de opinión pública» se cortaban de manera tajante, pues era en esos días cuando se celebraba consejo de gobierno.

A mediodía solía abrirse paso entre la gente en dirección a sus aposentos privados, donde almorzaba ligeramente, unas galletas, frutas y un vaso de leche, y reanudaba el trabajo.

A las 4 salía con Mary a dar un paseo, y a veces se detenía en un hospital donde charlaba con los heridos. Cenaba entre las 5 y las 6. Comía parcamente y se preocupaba poco por la manera cómo estaban guisados los alimentos. No había licores fuertes pero de vez en cuando tomaba un vaso de vino o de cerveza. No fumó jamás.

Una vez a la semana, excepto en verano, cuando los Lincoln se instalaban en Soldier's Home, fuera de Washington, se celebraba en la Casa Blanca una recepción nocturna o un besamanos, al que asistían centenares de invitados. Las demás noches, Lincoln trabajaba en su despacho, y antes de acostarse, por lo general, de 10 a 11 de la noche, iba andando hasta el Departamento de la Guerra para leer los telegramas del frente, en tiempos de guerra. Si se había librado alguna batalla importante, permanecía en la oficina de telégrafos hasta la madrugada.

Por regla general, los amigos le visitaban de noche, y Lincoln les leía párrafos de Shakespeare, de Robert Burns, o bien las obras de los maestros del humor de su época.

Le encantaba la música triste y sentimental. Hill Lamon cantaba con frecuencia baladas, y también le agradaban las melodías de Stephen Foster. Era muy aficionado al teatro y a la ópera. La verdad era que necesitaba distracciones.

Dormía mal pero estaba varias horas despierto en cama. Su hijo menor, Tad, usualmente dormía con él. Por las noches, el niño se quedaba en el despacho hasta caer dormido y Lincoln se lo llevaba en brazos a su dormitorio.

Este era el final obligado de la jornada presidencial.

La vida conyugal del Presidente

Siempre se ha dicho y supuesto que la vida conyugal de Lincoln, especialmente a partir de su mandato presidencial, había sido bastante desdichada. No obstante ¿cuál es el matrimonio realmente dichoso constantemente, sea el marido Presidente o no?

Mary fue una buena esposa, muy hacendosa, que supo atender a su casa, a su marido y sus hijos. Cierto, el matrimonio tenía sus discusiones, incluso sus desavenencias. En parte, se debía a los nervios de Mary, y también a sus celos. Amaba a su esposo y no quería que ninguna otra mujer pudiese fijar los ojos en él. Por otra parte, carecía del sentido del humor, tan acusado en Lincoln.

Tampoco era el mismo que el de él su sentido de los valores sociales. Mary, al llegar a Washington, pensó deslumbrar a toda la sociedad y atraérsela a su órbita vistiendo con elegancia y dando fiestas suntuosas. Por lo tanto, gastó mucho dinero en ropas y peluquero, y acumuló una tremenda deuda, que fue la comidilla del mundo entero, y una verdadera carga para Lincoln.

Incluso siendo de otra manera, no se habría atraído a las encopetadas damas de Washington. Las que experimentaban simpatía por los sudistas la despreciaban por haber vuelto su esposo la espalda al Sur, y las partidarias del Norte aseguraban que Mary era una espía infiltrada por el Sur.

Además, como se ha dicho, Mary estaba celosa de su esposo, y éste se divertía aumentando sus celos y sus suspicacias.

Se cuenta, de acuerdo con su biógrafo Stefan Lorant, que en cierta ocasión en que ella se estaba vistiendo para acudir

97

a una recepción, mantuvo con Lincoln una conversación que escuchó su modista, quien más tarde recordó la charla.

—Bien, madre —dijo Lincoln, brillándole pícaramente las pupilas—. ¿Con quién puedo hablar esta noche? ¿Con la señora X?

Mary, al parecer, picó el anzuelo.

—¿Con esa mujer tan remilgada? ¡No! No debes escuchar sus adulaciones.

—Muy bien. ¿Qué me dices de la señorita N? Esa es demasiado joven y linda para dedicarse a adularme.

—¿Te parece joven y bonita? ¡Valiente juez de la belleza femenina! No, entra en la misma categoría que la anterior, y tampoco hablarás con ella.

—De acuerdo, madre, pero he de hablar con alguien, ¿verdad? ¿Hay alguna que te guste?

—No creo necesario que tengas que hablar con ninguna mujer en particular. Ya sabe usted, señor Lincoln, que no apruebo en absoluto sus coqueteos con mujeres estúpidas, como si fuese usted un mozalbete imberbe recién salido del colegio.

—¡Pero madre, insisto en que debo hablar con alguien! No sé estarme callado, dando vueltas por los salones como un tonto. Si no quieres decirme con quién puedo hablar, haz el favor de decirme, al menos, con quiénes no debo hablar.

—No hables con la señora X ni con la señorita N. Las odio a las dos. Y la señora Z también mariposeará a tu alrededor, pero tampoco debes hacerle caso. Y te repito: sobre todo, no has de hablar con esas tres.

—Perfecto, madre, ahora que hemos decidido el asunto a tu entera satisfacción, vamos con los invitados.

Naturalmente, según añadió la modista de Mary, Lincoln estuvo riéndose por lo bajo durante toda la conversación.

Casi todos los miembros de la familia de Mary fueron fieles a los Estados del Sur. Tres de sus hermanastros dieron la vida peleando por tal causa, y su cuñado más estimado también murió en una batalla. Sin embargo, Mary, por lealtad a su marido, sentía simpatía por el Norte. Pese a lo cual, el rumor público la presentaba como una mujer desleal, y cuando finalmente fueron tantos los rumores, que fue preciso nombrar un comité investigador, Lincoln acudió a testificar:

Yo, Abraham Lincoln, presidente de Estados Unidos, comparezco por mi propia voluntad ante este Comité del Senado para decir que, por mi propio conocimiento, sé que es falso que algún miembro de mi familia mantenga una comunicación traidora con el enemigo.

La verdad era que Mary jamás hizo causa común con los rebeldes sureños, y que amaba a Lincoln con ternura, con verdadera pasión. Cuando tenían que separarse, los dos padecían un auténtico tormento.

En sus veintiocho años de vida conyugal, jamás pudo rumorearse que Lincoln buscase la compañía extramarital de otras mujeres. Y sus sentimientos hacia su esposa quedan claramente resumidos con estas palabras del propio Lincoln: «Mi mujer es tan hermosa para mí como cuando era una muchacha y yo un pobre don nadie. Entonces me enamoré de ella y, lo que es más, jamás me he curado de ese amor.»

CAPÍTULO XVII

EL CHISPAZO DEL FUERTE SUMTER

Precisamente, al siguiente día de la toma de posesión de la presidencia, le llegó a Lincoln un despacho que no presagiaba más que desastres. Se lo enviaba el comandante Robert Anderson, jefe del Fuerte Sumter, que era la única fortaleza que quedaba en manos federales en el puerto de Charleston. El comandante comunicaba que sus provisiones eran ya escasas y que si en el plazo de seis semanas no era posible abastecer el fuerte, tendrían que abandonarlo.

Lo malo era que si abastecía el Fuerte Sumter, los siete Estados que eran secesionistas podían resistir por las armas, o sea que de la decisión del nuevo presidente dependía la paz de la nación. Si no abastecía al fuerte, ello significaría que la Administración no era capaz de mantener sus ideales.

Y el Fuerte Sumter se convirtió en un símbolo. Para el Norte, mantener el fuerte era como conservar la autoridad federal; para el Sur, significaba una humillación, una injuria.

Lincoln también sabía que si lanzaba una acción agresiva en el Fuerte Sumter, el bajo Sur, arrastrado a la guerra, haría que se iniciasen las hostilidades. Y los Estados esclavistas, que hasta entonces habían permanecido fieles a la Administración federal, podían separarse también de ella. Por lo tanto, Lincoln decidió ganar tiempo, pidiendo consejo al Gabinete y a las autoridades militares y navales. Esta vacilación fue tomada por debilidad.

El Secretario de Estado fue quien aconsejó:

Cualquier política que se adopte debe ser seguida con toda energía. Con este fin es necesario encargar a alguien que persiga y dirija incesantemente esta política. O el Presidente lo hace por sí mismo y se dedica por completo a ello o debe encomendarlo a algunos miembros de su Gabinete.

El Presidente le recordó a Seward que si había que hacer algo lo haría él. No quería apartar de sí las responsabilidades inherentes a su alto cargo.

Sin embargo, y a pesar de lo que dijera en el discurso inaugural de su mandato, llegó a pensar seriamente en ceder en la cuestión de Fuerte Sumter. Para dorar la píldora para la opinión del sector nordista y mantener el prestigio del Norte, quería reforzar el Fuerte Pikens, que dominaba el puerto de Pensacola, en Florida.

Por esto, la primera semana de abril mandó preparar dos expediciones, una a Florida y la otra a Carolina del Sur. Si la primera tenía éxito, sería entregado al Fuerte Sumter. Pero el comandante naval de Pensacola no permitió el desembarco de los soldados de la Unión destinados al Fuerte Pikens, y Lincoln no tuvo otro remedio que reforzar el Fuerte Sumter.

El gobernador de Carolina del Sur fue informado de la intención del gobierno federal de abastecer al Fuerte Sumter, y se le indicó que, además, se enviarían más fuerzas a dicho Fuerte. Entonces, el gobernador notificó el mensaje al Gobierno confederado, establecido en Alabama, el cual contestó que la Confederación no permitiría por más tiempo la presencia de tropas federales en el territorio de un Estado secesionista, exigiendo además la rendición inmediata del Fuerte Sumter.

Como no se accedió a tal exigencia, al amanecer del 12 de abril de 1861, las baterías de Charleston abrieron fuego contra el Fuerte, con lo que la lucha fratricida que Lincoln trataba de evitar, había empezado en realidad.

El comienzo de la guerra terminó con las dudas y las indecisiones de Lincoln.

Sin dudar más, publicó una proclama declarando que las leyes de la nación eran incumplidas en los siete Estados secesionistas mediante «maquinaciones demasiado poderosas para ser reprimidas por medios legales normales y que, por lo tanto, se veía obligado a movilizar en los Estados de la Unión 75.000 soldados de sus milicias para reprimir dichas maquinaciones».

Lincoln pensó que a la fuerza debía oponérsele la fuerza. Era intolerable el desafío del Sur contra el Norte.

El mensaje del Presidente al Congreso

Unas semanas más tarde, con ocasión de su primer mensaje al Congreso, dijo Lincoln:

> *El asalto contra el bastión del Fuerte Sumter no fue en modo alguno un acto de defensa propia por parte de los atacantes.*
>
> *Ellos sabían a la perfección que la guarnición del Fuerte no tenía la menor posibilidad de agredirlos. Sabían, pues se les notificó expresamente, que todo lo que se intentaría sería llevar pan a los pocos y valientes soldados de la guarnición, a menos que ellos, al resistirse, provocaran algo más.*
>
> *La culpa, pues, debe imputarse al Sur y no al Norte.*
>
> *Ellos sabían que este Gobierno deseaba sostener la guarnición del Fuerte y no atacarlos, sino solamente mantener una posición visible y preservar de esta manera a la Unión de una efectiva e inmediata desaparición, confiando la solución final, como aquí*

se declaró antes, al tiempo, a la discusión y a las urnas electorales; ellos asaltaron y tomaron el Fuerte precisamente con el objetivo contrario: eliminar la autoridad visible de la Unión federal, obligándola a su inmediata disolución.

Y los disparos efectuados contra la bandera del Fuerte Sumter obligaron al resto del país a afrontar este dilema: o disolución inmediata o sangre.

Esta cuestión afecta a algo más que al destino de estos Estados Unidos. Plantea a la familia humana entera la cuestión de si una república constitucional, o una democracia, o sea un gobierno elegido por voluntad popular para el pueblo, puede o no mantener su integridad territorial contra sus enemigos domésticos.

También formula la cuestión de si unos individuos descontentos, demasiado escasos en número para controlar la Administración, de acuerdo con una ley organizada, pueden siempre, en cualquier caso, con excusas o arbitrariamente, sin el menor pretexto, derribar su gobierno y terminar prácticamente con todo gobierno libre sobre la Tierra.

Y esto nos fuerza a preguntar: «¿Existe en todas las Repúblicas esta fatal debilidad como cosa inherente e inevitable? ¿Es absolutamente necesario que un gobierno deba optar o por ser tan fuerte que ahogue las libertades de su pueblo o tan débil que ponga en peligro su propia existencia, sin que haya ninguna otra alternativa?»

Por consiguiente, señores del Congreso, no queda otra salida, después de considerar bien este problema, que la de manifestar el poder militar del Gobierno, y por lo tanto resistir a la fuerza empleada en su destrucción con la fuerza empleada en su conservación.

La pericia y decisión de Ulysses S. Grant resultó decisiva para el triunfo de la causa unionista.

Ahora debemos resolver la cuestión de si en un pueblo libre, la minoría tiene el derecho de derribar al Gobierno cuando así lo desee. Si fracasamos, ello servirá para demostrar la incapacidad del pueblo para gobernarse a sí mismo.

CAPÍTULO XVIII
LA GUERRA DE SECESIÓN

Fue en la mañana del 12 de abril de 1861 cuando resonó el primer cañonazo, seguido de inmediato de un bombardeo en toda regla. La Guerra Civil o de Secesión americana había empezado.

El efecto de aquella primera acción fue algo electrizante. Millones de norteños que hasta entonces habían permanecido indiferentes, declaraban ahora su inequívoca y entusiasta decisión de defender la causa unionista con cuantos elementos estuviesen a su alcance.

Mientras tanto, el comandante de Fuerte Sumter se había rendido cuando el reducto, sometido a la acción de las baterías costeras así como de piezas flotantes, quedó reducido a cenizas.

Inmediatamente después, Lincoln llamó a filas a 75.000 voluntarios, que se comprometieron a servir en el Ejército por un período de tres meses, tiempo que, según opinión general, bastaría para obligar a los sudistas a rendirse.

Numerosos contingentes reunidos por los diferentes Estados corrieron a agruparse bajo las banderas de las franjas y estrellas, incluyéndose entre aquella abigarrada milicia, batallones dotados de excelente preparación, como el 7.º de Nueva York, pintorescas agrupaciones, como la de los zuavos, de procedencia francesa.

Hubo casos tan pintorescos como el de Virginia, que pasó a las filas de la Confederación dos días después de haber movilizado Lincoln, pero sólo en su parte oriental, mientras que la occidental seguía fiel a la Unión, siendo admitida como Estado en 1863, con el nombre de Virginia del Oeste.

A las pocas semanas, también Arkansas, Tennessee y Carolina del Norte figuraban en la Confederación. En cuanto a Kentucky, permaneció neutral, dándose el caso curioso de que sus habitantes corrían a engrosar las filas de uno u otro bando, marchando a veces al frente en el mismo tren.

Desde un punto de vista estrictamente material, las perspectivas eran excelentes para los del Norte. No sólo superaba a la población del Sur en número —de los 33 millones de habitantes de Estados Unidos, 22 vivían en el Norte—, sino que también sobrepasaba con creces a su adversario en la importancia de sus numerosas industrias y su floreciente economía que se hacía patente en una amplia y sólida actividad bancaria, en la extensión y variedad de su comercio y en la amplitud de su red ferroviaria.

La ciudad de Nueva York ya pasaba del millón de habitantes, gracias ante todo a la corriente inmigratoria que había afluido a su zona durante el año 1850.

Por si todo esto fuera poco, la fabricación de armas se concentraba casi totalmente en el Norte, que era además muy rico en toda clase de materias primas, tales como el petróleo, que fue extraído por primera vez en Pennsylvania en 1859.

Las cosechas de trigo se exportaban en grandes cantidades a Inglaterra, lo que sin duda compelería a dicho país en su favor, factor que no era desdeñable.

En cuanto al Sur, su economía se hallaba en franca inferioridad respecto a su rival. Hay que tener en cuenta que de sus nueve millones de habitantes, más de una tercera parte eran esclavos.

Sus ferrocarriles sólo cubrían una extensión de 14.000 kilómetros contra los 31.000 del Norte, y toda su red se hallaba en una condición ciertamente deficiente. Sus manufacturas equivalían a menos de una décima parte de las del Norte, y el cultivo del maíz no llegaba a la mitad del de sus rivales. Sólo Richmond, la capital del Estado de Virginia, poseía fábricas capaces de producir piezas de artillería.

Durante la guerra, y en algunas ocasiones, los confederados se vieron obligados a engañar a sus contrarios, situando piezas de madera simuladas. Sin embargo, contra estas desventajas el Sur contaba con el enorme potencial de su producción de algodón y con un excelente material humano que empezaba en su Presidente, militares de gran capacidad y decisión, y unos soldados imbuidos por la idea de estar luchando por una causa noble.

La falta de armamento quedó compensada por la rápida ocupación de los fuertes, y respecto a su estrategia, sería defensiva, mientras el Norte debería atacar continuamente, intentando la ocupación de un territorio inmenso.

La primera preocupación de Lincoln fue proteger adecuadamente la capital, al tiempo que ocupaba algunos Estados que permanecían indecisos. En cuanto a sus planes a más largo plazo, figuraban la invasión del Sur a través de Tennessee, el dominio del Mississippi, y la ocupación de la capital, Richmond.

Al mismo tiempo, procuraría atraerse a varios países de Europa y muy especialmente Inglaterra. No obstante, el primer síntoma de que el Norte no iba a lograr tan fácilmente sus objetivos no tardó en ponerse en evidencia luego de producirse el primer choque entre los dos bandos.

Muchos han descubierto los colores y los contrastes de la guerra civil entre los Estados del Norte y los Estados del Sur —entre los azules de la Unión y los «grises» de la Confederación— el leer la novela de Margaret Mitchell *Lo que el viento se llevó,* o al ver su adaptación cinematográfica, una de las clásicas del Séptimo Arte. A pesar de su composición y estilo superados, este libro, tan abundante en personajes, evoca la imagen de un mundo fenecido, cuya autora, nacida y educada en el Sur, fue una de sus herederas.

Sin ser un genio literario, Margaret Mitchell tuvo el acierto poco común de tratar el tema de una manera realista. Con todo, la heroína, Scarlett O'Hara, apenas responde al retrato tradicional de las mujeres del Sur, ya que en ellas escasea la gentileza y distinción que se atribuye generalmente a los meridionales; Scarlett es tan caprichosa, colérica, mimada, testaruda y egoísta como egocéntrica, y tan poco escrupulosa en amor como en los negocios. En cuanto a Rhet Butler, alternativamente cómplice y adversario de Scarlett, tampoco se parece al tipo clásico del caballero meridional; es un cínico, consumado oportunista y casi por entero cerrado al entusiasmo idealista de sus contemporáneos y a las llamadas de la causa sudista. Como Scarlett, sólo busca el provecho personal, sea en el juego, en un contrabando desenfrenado, en el sórdido mundo de quienes se benefician con la guerra o en la estafa política.

Margaret Mitchell no considera la guerra civil como un grandioso espectáculo romántico y magnífico, sino como una tragedia, el derrumbamiento de una civilización. Rhet Butler hace notar que «el estado en que vivimos, el Sur, la Confederación, el reino del algodón se desintegra lentamente bajo nuestros pies». Por otra parte, la autora ha sabido describir en su novela los sufrimientos de la guerra y de la derrota, la horrible carnicería de los campos de batalla, los despiadados saqueos, las destrucciones, las ciudades en llamas, las epidemias, la miseria, el hambre, la muerte de una sociedad aristocrática y los brotes, sobre sus ruinas, de una completa anarquía.

Una salvedad: la manumisión del negro era una cuestión de principios, pero con respecto a ella hemos de hacer notar, como sucedió también en la antigua Roma, que hubo negros muy bien tratados y alimentados por sus amos, según el carácter de éstos y con tal de que los negros se esmeraran en su trabajo. En el Sur, los habitantes no sentían ninguna repugnancia ante un cutis negro; los blancos recién nacidos eran alimentados por las mammies negras y cuando eran ya algo mayores, compartían sus juegos con los niños negros de su edad. Por regla general, los criados se encontraban en situación más favorecida que los trabajadores agrícolas.

El americano septentrional, por el contrario, con toda su carga británica a cuestas, despreciaba, en cambio, al negro, únicamente por serlo. Siguió a Lincoln porque le convenía demostrar su supremacía sobre el Sur. Muchos negros lucharon en el Ejército de la Unión contra los secesionistas. Obtuvieron la libertad, pero no la igualdad con !os blancos. Acabada la guerra muchas veces fue «la libertad de morirse de hambre» y poco más. Muchos, muchos esclavos fueron despiadadamente castigados por sus amos, pero otros lloraron el día que se les concedió la libertad, porque no sabían a dónde tenían que ir y en todas partes fueron maltratados. Esta es la gran verdad del Norte contra el Sur, lo demás es puro mito y romanticismo.

CAPÍTULO XIX

LA BATALLA DE BULL RUN

Presionado por la opinión pública que exigía literalmente una rápida acción que llevase a la ocupación de Richmond, Lincoln ordenó al general Irwin McDowell que avanzara hacia el objetivo, que estaba escasamente a unos 150 kilómetros.

Una pequeña parte del ejército confederado se encontraba en posición, en las cercanías de un arroyo llamado Bull Run, y la víspera de la batalla, el 10 de julio de 1861, dos regimientos nordistas declararon que su período de servicio había caducado y que, en consecuencia, sus efectivos quedaban en libertad de volver a sus hogares, como así lo hicieron sin miramiento alguno.

Al día siguiente, las restantes fuerzas atacaron al enemigo, pero éste reaccionó denodadamente, muy bien mandado por el general «Stonewall» Jackson, cuyo sobrenombre «Muro de piedra» le fue impuesto después de esta acción en la que los soldados unionistas se estrellaron literalmente contra las posiciones adversarias, sin poder arrollarlas como era su propósito.

La lucha fue enconada, llegándose con frecuencia al cuerpo a cuerpo, y en el curso de la misma, ambos bandos demostraron las mismas cualidades y defectos que iban a repetirse en el curso de la guerra, o sea una gran valentía y una clara falta de preparación.

113

Cuando al cabo de varias horas de lucha hicieron su aparición en el campo de batalla unos refuerzos confederados, McDowell ordenó la retirada.

Se produjo un auténtico caos cuando soldados, cañones, caballos y carruajes emprendieron desordenada fuga hacia Washington, contribuyendo a la confusión general que se mezclaran a la misma varios centenares de curiosos, que habían acudido a presenciar la batalla, instalándose en lugares ventajosos, cerca del suceso bélico.

Gana el Sur

Los nuevos reveses que a continuación sufrieron los nordistas en Ball's Bluff, Virginia, y en Wilson's Creek, Missouri, descartaron la posibilidad de una guerra breve como se venía suponiendo hasta entonces.

Lincoln convocó a nuevos voluntarios y sustituyó a su general en jefe, Winfled Scott, por el general George B. McClellan, que sólo contaba treinta y cinco años de edad, y que aparte de ser un tipo elegante y fanfarrón, poseía evidentes cualidades para la organización y el adiestramiento de sus soldados. A la vista de los resultados conseguidos hasta entonces, solicitó y obtuvo de Lincoln que por el momento se abandonase la idea de ocupar la capital sudista. Estaba completamente convencido de que, una vez reorganizadas sus fuerzas y acumulado el suficiente material, aplastaría a los sudistas en una batalla única y espectacular.

En el otoño de aquel mismo 1861, los confederados penetraron en el hasta entonces relativamente territorio neutral de Kentucky, apoyándose en dos fuerzas que constituían los puntos clave de sus líneas: el fuerte Henry, en el río Tennessee, y el fuerte Donelson, en el Cumberland.

La tarea de ocupar dichas posiciones fue encargada a un general que si bien muy conocido por sus heroicidades en la campaña de México, había permanecido desde entonces prácticamente ignorado. Se llamaba Ulises G. Grant, que más adelante llegaría a destacar como personaje del máximo relieve en la conducción de la guerra.

Embarcando a sus 15.000 hombres, Grant remontó el río Tennessee y se apoderó rápidamente de ambos fuertes, rindiéndosele los 17.000 hombres confederados que defendían la región.

Más tarde, estas fuerzas se instalaron en una nueva línea que se extendía por el Sur hasta Corinth en el Mississippi. Grant los persiguió hasta allí, pero en un exceso de confianza, el 16 de abril de 1862 estuvo a punto de sufrir un desastre en Shilon, donde tuvo considerables pérdidas. Por su parte, los confederados hubieron de lamentar asimismo un número de bajas muy importante y la muerte de su jefe, el general Johnston.

La guerra por mar

La guerra por mar y los ríos empezó a cobrar a la sazón mucha importancia. El 24 de abril de 1862, el comodoro David D. Farragut, de apellido netamente mallorquín, condujo una flotilla aguas arriba del Mississippi, pasando ante el fuerte Jackson, y logrando la rendición de Nueva Orleans, Baton Rouge y Matchez. Continuó la expedición y conquistó las ciudades de Memphis y Corinth. Con excepción de la plaza fuerte de Vicksburg, todo el curso del Mississippi había ya pasado a manos de la Unión, con lo que el bloqueo marítimo pasaría a ser, a partir de aquellos momentos, mucho más efectivo.

El secretario de guerra nordista, Gideon Welles, se había lanzado a la tarea de aumentar la modesta flota unionista, formada por barcos anticuados y de escasa eficacia, hasta convertirla en una fuerza de más de 700 buques, cuya tarea principal sería la de bloquear de manera efectiva las 3.500 millas de costa en poder de los confederados, consiguiéndose resultados positivos desde los primeros tiempos.

También los confederados realizaron esfuerzos en este sentido, librándose numerosos encuentros. Uno de los más conocidos, de carácter realmente épico, fue el que sostuvieron dos buques de características extrañas: el *Monitor* y el *Marrimack*, especie de baterías flotantes.

El primero, armado con una torreta giratoria de dos cañones, y el segundo con una estructura en forma de casa, que apenas sobresalía del agua, habían sido dotados de gruesas chapas acorazadas.

Después de actuar en diversas acciones, ambos buques se enfrentaron esforzadamente el 9 de marzo de 1862, frente a Norfolk, en la costa de Virginia, librando el primer encuentro naval entre dos unidades blindadas movidas a vapor.

Tras dispararse mutuamente a bocajarro, sin causarse daños graves, el encuentro terminó en tablas, y una fotografía de la época muestra a la tripulación del *Monitor* descansando tranquilamente en cubierta después del combate. Los dos buques terminaron sus días poco después, el uno víctima de una explosión y el otro naufragando en medio de una horrorosa tempestad.

La batalla «de los 7 días»

En la primavera de 1862, el general unionista George B. McClellan, decidió que su ejército del Potomac contaba con suficientes efectivos para intentar el asalto a la capital confederada. Sumaba una fuerza de 100.000 hombres y la campaña estaba perfectamente preparada.

Luego de embarcar sus unidades en Alexandría, rodeó la península de York y se detuvo ante las fortificaciones enemigas de Yorktown. En seguida puso en práctica un nuevo sistema de observación, consistente en usar globos cautivos.

En el otoño de 1864, después de abandonar Atlanta, las tropas sudistas sufrieron una gran derrota en Nashville.

Las perspectivas para lograr una victoria eran realmente halagüeñas. Las fuerzas unionistas se hallaban a sólo 24 kilómetros de Richmond, defendida por unos 15.000 soldados solamente.

Pero McClellan dedicó un mes entero en preparar la operación, bombardeando la ciudad masivamente. Cuando llegó la hora de lanzarse al ataque, comprobó, no obstante, decepcionado, que entre tanto sus adversarios se habían retirado. Deduciendo que sin duda tratarían de amenazar Washington, McClellan se situó en una posición adecuada, esperando la llegada de refuerzos. Mientras tanto, tres ejércitos se agrupaban para defender la capital.

En una serie de acciones rápidas libradas en diversos lugares del valle del Shenandoah, el general confederado Thomas «Stonewall» Jackson mantuvo en jaque a su contrario durante largo tiempo, impidiendo que McClellan recibiera refuerzos.

Finalmente, éste inició una espectacular retirada hasta situarse en el río James, a 37 kilómetros de Richmond, achacando su falta de éxito, no a su evidente torpeza, sino al fracaso de Washington en enviarle refuerzos a su debido tiempo.

En esta batalla, denominada «de los 7 días», el general sudista Jackson fue herido, siendo reemplazado por el general Robert E. Lee, que haría un gran papel en el transcurso posterior de la guerra. McClellan y su ejército recibieron la orden de volver a su punto de partida.

CAPÍTULO XX

LA DEFENSA DE WASHINGTON

Poco después, y como ya era de esperar, McClellan fue separado del mando y sustituido por el general Henry Halleck, dejándose la defensa de Washington al cuidado del general John Pope. Mas tampoco éste tuvo demasiado éxito en su actuación, puesto que después de situar sus fuerzas ante Washington, mientras Halleck planeaba un nuevo ataque contra Richmond, Jackson atacó en Cedar Mountain, infligiéndole una gran derrota en Manasses Junction.

Tras ser reforzado por Lee, con el que se reunió después en el arroyo de Bull Run, teatro de la primera batalla de la guerra, allí se libró en agosto de 1862 la segunda batalla de Bull Run, en la que los nordistas fueron de nuevo derrotados, lo que permitió a los confederados desparramarse prácticamente por todo Maryland.

Entonces, Lincoln adoptó una decisión inesperada, pues encargó la defensa de la capital al destituido McClellan.

Convencido de que el caos reinaba entre las fuerzas de la Unión, el general Lee pasó a Pennsylvania, mientras «Muro de piedra»Jackson atacaba el transbordador de Harper. Pero cometió un error, ya que McClellan compareció imprevistamente al frente de 70.000 hombres. Lee se unió a Jackson en el arroyo de Antiertam, librándose allí una de las batallas más encarnizadas de la guerra, pues el total de bajas llegó a la cifra de 23.000.

Pese a todo, y una vez más, la falta de iniciativa de McClellan resultó fatal, perdiendo la oportunidad de exterminar de manera definitiva al ejército de Lee, el cual pudo llevar otra vez a sus hombres al otro lado del río Potomac.

De todas maneras, la victoria de Antietam fue un alivio para el Norte, aunque McClellan no supo explotarla debidamente al no perseguir a Lee, que se retiró a su base sin peores consecuencias.

Lincoln, irritado ante esta nueva indecisión de McClellan, que durante más de 8 semanas no había cesado de quejarse de que la falta de efectivos le impedía actuar con eficacia, acabó por perder de una vez por todas la paciencia y volvió a destituirle, entregando el mando de sus unidades al general Ambros Burnside, militar de gran experiencia, pero cuya actuación, a la larga, también fue funesta.

Su plan, que fue aprobado por el general en jefe Halleck, consistía en avanzar rápidamente sobre Richmond, apoderándose de paso de Fredericksburg, que estaba débilmente defendida.

Pero no contaba con los suficientes pontoneros para tender un paso en el río Rappahannock.

La batalla del río Rappahannock

Fue el 11 de diciembre de 1862, cuando Lee, que contaba otra vez con 75.000 hombres y 300 cañones en las laderas que rodean Richmond, se situó allí. Cuando aquel día se empezó a tender el puente, los confederados hostigaron a los pontoneros con nutrido fuego de artillería.

No obstante, el puente se terminó y el general Burnside decidió seguir adelante con su plan, que ahora resultaba francamente suicida. Lanzó, pues, a sus hombres en oleadas sucesivas por las pendientes, para ver cómo eran literalmente segados por el fuego de sus rivales, sólidamente atrincherados arriba. Los unionistas sufrieron en aquella batalla 12.700 bajas, en tanto que los confederados sólo perdieron 5.400.

Las dificultades con los políticos

Ya desde el principio de la contienda, Lincoln tuvo que contender activamente contra las dificultades impuestas por los políticos del Norte, algunos de los cuales continuaban manifestando su disgusto porque la guerra hubiera sido declarada, mientras otros adoptaban unas actitudes inhibitorias o realmente perturbadoras.

Cuando en el verano de 1862, el Presidente solicitó la entrada en filas de 300.000 nuevos voluntarios, sólo una tercera parte respondió al llamamiento, pese a haberse prometido un considerable botín a quienes participasen en las acciones bélicas.

Los republicanos radicales no cesaban de exigir la inmediata liberación de los esclavos, y si bien al iniciarse el conflicto Lincoln había dado una preeminencia absoluta a la conservación de la unidad nacional, dejando la cuestión del esclavismo para más adelante, ahora, después de que algunos Estados vacilantes estaban firmemente en sus manos, se dijo que había llegado el instante de actuar poniendo el problema en primer término.

Cuando después de la victoria de Antietam, Washington pareció fuera de peligro, Lincoln decidió actuar y el 22 de setiembre declaró que los esclavos de los Estados rebeldes quedarían libres para siempre a partir del 1.° de enero de 1863, momento en que con toda probabilidad la guerra habría terminado, ganando el Norte, y la medida podría ser llevada a efecto sin ningún obstáculo.

Mientras tanto, los gobiernos del Norte y del Sur llevaban a cabo una tremenda labor diplomática cerca de las potencias europeas, cuya ayuda intentaban captarse, especialmente la de Inglaterra, donde los partidos políticos demostraban simpatías divergentes. En todo ello desempeñaba un papel económico trascendente el algodón del Sur y el trigo del Norte, y así se suscitaron algunos incidentes, como cuando un barco unionista detuvo a otro confederado en el que viajaban dos delegados sudistas a Inglaterra para representar en esta nación a su país.

Hubo un intenso intercambio de notas y finalmente Lincoln accedió a devolver los dos diplomáticos, especialmente al enterarse de que Inglaterra se disponía a enviar tropas a Canadá.

El emperador de Francia, Napoleón III, apoyó una propuesta para reconocer a la Confederación, pero después de la batalla de Antietam, la neutralidad europea quedó asegurada.

Según cita lord Granville, los británicos experimentaban en general «enorme antipatía por los nordistas, mucha simpatía por los del Sur y una incontenible codicia de algodón», aunque ello fuera insuficiente para que influyera en la política inglesa de forma decisiva. Una quinta parte de la población inglesa vivía directa o indirectamente de la industria algodonera, y las cuatro quintas partes, aproximadamente, de todo el algodón importado de la isla, procedía de América: *Cotton is the king,* rezaba el refrán.

Pero en el trancurso de las hostilidades, tan sólo el ministro Palmerston, en una ocasión, consideró seriamente la ruptura con los del Norte; al observar que el bloqueo de los puertos paralizaba las exportaciones del Sur, comentó: «Inglaterra no puede permitir la ruina de varios millones de ingleses, simplemente para complacer a los Estados septentrionales de América». Sin embargo, aquellos millones de ingleses en situación de paro forzoso, a causa del cierre de las fábricas por falta de materia prima, fueron, paradójicamente, quienes apoyaron con más ardor la causa de los nordistas. Una petición en masa se dirigió al gobierno, pidiendo que no concediese apoyo alguno a la Confederación. Actitud que impone respeto y simpatía a la vez.

Por su parte, el emperador de Francia, Napoleón III, era un hombre de carácter vacilante y sin firmes convicciones, que practicó una política de báscula, a veces conservadora, a veces liberal, según las circunstancias, y en el exterior se mezcló en cuantas oportunidades tuvo, ayudando en Europa al principio de las nacionalidades, pero solicitando la paz cuando lo creía conveniente, sin terminar lo que había comenzado. Realizó también lejanas expediciones a Siria, China e Indochina, que aumentaron el prestigio de Francia.

La expedición a México en 1864, instaurando como emperador a Maximiliano de Austria, podía haber ayudado a los sudistas, pero aquella aventura fue efímera y, por otra parte, aunque hubo algunos contactos, los sudistas ya iniciaban su declive.

CAPÍTULO XXI

EL FINAL DEL ESCLAVISMO

Lincoln siempre acarició, desde su elección como Presidente, la idea de ofrecer una ayuda financiera a los Estados con el fin de que éstos pudiesen adoptar medidas que tendieran a una emancipación gradual y bien compensada de los esclavos negros.

Solía decir que sólo un millón de dólares, que era menos del gasto de guerra en medio día, sería suficiente para comprar a todos los esclavos de Delaware, a razón de 400 dólares por cada uno.

El Congreso aprobó tal resolución, sin contar con los votos de los representantes de los Estados de la Frontera.

Pero a medida que la guerra se prolongaba, la cuestión de la emancipación fue tornándose más acuciante. ¿Cómo había que tratar a los negros que llegaban a los campamentos del Norte? ¿Era preciso emplearlos como obreros en las obras de fortificación? ¿O tenían que prestar servicios en la retaguardia?

Proclamaciones y órdenes

Cuando en 1861, el general Frémont dio a conocer su declaración concediendo la libertad a los esclavos que vivían en su territorio, Lincoln anuló esa orden. Al cabo de un año, cuando el general Hunter, que mandaba el departamento del

Sur, proclamó la libertad de todos los esclavos de Georgia, Carolina del Sur y Florida, Lincoln se creyó de nuevo obligado a revocar tal orden. Lo hizo porque según él mismo dijo: «Ningún general con mando puede hacer tal cosa, bajo mi responsabilidad, sin consultarme».

En realidad, emancipar a los esclavos era como tener un arma de doble filo. Podía precipitar un rompimiento con los Estados de la Frontera que seguían todavía fieles a la Unión. También podía enfrentar a los demócratas y los republicanos más conservadores que apoyaban a la Administración que luchaba por conservar la Unión, pero que seguramente la abandonarían si el objetivo de la guerra se convertía en la abolición de la esclavitud.

El Presidente, en julio de 1862, tuvo dispuesto un documento que proclamaba la libertad de los esclavos en los Estados rebeldes. Cuando lo leyó al Gabinete, el Secretario de Estado indicó que si aquella proclama se publicaba de inmediato tras la serie de derrotas militares que acababan de sufrir, todos creerían que la Administración estaba tendiendo las manos a Abisinia, en lugar de ser Abisinia la que tendía las manos a la Administración.

Lincoln le hizo caso a Seward y decidió aguardar a publicar la proclama hasta lograr al menos una victoria en el campo de batalla.

En agosto, el senador Horace Greely, le escribió al senador Charles Summer:

> *¿Se acuerda usted de aquel antiguo libro de teología que empieza diciendo: «Capítulo Primero: el Infierno»; y sigue: «Capítulo Segundo (continuación)»? Pues bien, eso le dará una idea del modo en que deberíamos hablarle al viejo Abe en esta crisis de los destinos de la nación.*

Greely, junto con otros republicanos antiesclavistas, se oponía al proyecto del Presidente sobre la emancipación compensada, y estaba indignado porque Lincoln no daba el paso audaz de conceder la liberación a todos los esclavos sin más.

En una *Carta abierta que es la Oración de veinte millones*, Greely acusaba al Presidente de servilismo hacia los políticos de los Estados de la Frontera que le hacían olvidar que la esclavitud era en todas partes la causa impulsora y la base sustentativa de toda traición.

Lincoln hubiese podido responder que él ya estaba decidido en favor de la emancipación, que la proclama ya estaba redactada y que tan sólo aguardaba el momento oportuno para su declaración. Pero en cambio, le escribió a Greely:

> *Mi objetivo supremo en esta contienda es salvar a la Unión y no es ni salvar ni destruir la esclavitud. Si yo pudiera salvar a la Unión sin dar la libertad a ningún esclavo, así lo haría, y si yo pudiese salvarla dando la libertad a todos los esclavos también lo haría, y si pudiera salvarla dando la libertad a unos y manteniendo la esclavitud a otros, también lo haría.*

Sin embargo, cuando en el mes de setiembre se logró la victoria de Antietam, Lincoln volvió a convocar al Gabinete y les dijo a los reunidos que había llegado el momento de publicar la proclama.

> *Lo que he escrito —dijo—, es aquello que mis reflexiones me han decidido a decir. Si hay alguna cosa en las expresiones empleadas por mí, o en algún otro punto secundario, que cualquiera de ustedes crea que sería preferible modificar, me complacerá recibir sus sugerencias.*

Ahora deseo hacer una nueva observación. Sé muy bien que muchos otros podrían, tanto en esta cuestión como en otras, hacerlo mejor que yo, y si estuviese convencido de que otra persona cualquiera posee la confianza del pueblo en mayor grado que yo y conociese algún procedimiento judicial y constitucional para que tal persona ocupase mi puesto, éste sería para ella.

Pero aunque creo que el pueblo no confía tanto en mí como en otros tiempos, no sé, teniendo en cuenta todas las circunstancias, que haya otra persona que posea en mayor grado esa confianza, y aunque esto fuese posible, no existe ningún procedimiento para que yo pueda conseguir que otro hombre se sitúe en mi puesto actual. Yo estoy aquí. Debo hacer todo lo que pueda y cargar con toda la responsabilidad de seguir la senda que en mi opinión debo seguir y que me tracé desde tiempos atrás.

A continuación, Lincoln les leyó la proclama en los siguientes términos:

El primero de enero del año del Señor de mil ochocientos sesenta y tres, todas las personas mantenidas en esclavitud dentro de cualquier Estado o parte específica de un Estado cuya población se halle en tal momento en rebelión contra Estados Unidos, serán, desde ese momento y para siempre libres, y el Gobierno Ejecutivo de Estados Unidos, incluyendo sus autoridades militares y navales, reconocerá la libertad de tales personas y no hará ningún acto ni actos para impedir a tales personas o a cualquiera de ellas, cualesquiera esfuerzos que puedan hacer en favor de su libertad efectiva.

El general Sherman introdujo el sistema de «guerra total», sembrando el terror entre sus enemigos.

Al llegar a este punto, le interrumpió el Secretario de Estado.

—Señor Presidente, opino que debería introducir después de la palabra reconocerá, en esa frase, y mantendrá.

A lo que Lincoln se mostró de acuerdo.

Fue el 22 de septiembre de 1862 cuando se publicó la proclamación que preludiaba la Emancipación.

Unas semanas más tarde, en su mensaje anual al Congreso, Lincoln comentó la medida con estas palabras:

Conciudadanos: nosotros no podemos escapar del juicio de la Historia. Los de este Congreso y los de esta Administración, seremos recordados aunque no queramos. Ninguna significación personal, o insignificancia, de cualquiera de nosotros, será pasada por alto. La difícil prueba que atravesamos nos iluminará, honrosa o deshonrosamente, hasta la última generación.

Decimos que estamos a favor de la Unión. El mundo ni la historia olvidarán que hemos pronunciado estas palabras. Sabemos cómo hay que salvar a la Unión. El mundo sabe que nosotros sabemos cómo salvarla. Nosotros, los que ahora estamos aquí, ostentamos el poder y cargamos con la responsabilidad. Al dar libertad al esclavo, aseguramos la libertad de los hombres libres: tan honroso es lo que damos como lo que defendemos.

Nosotros salvaremos noblemente, o perderemos mezquinamente, la última y mejor de las esperanzas de este mundo. Otros medios podrían triunfar, pero éste no puede fracasar. El camino es llano, pacífico, generoso, justo; es un camino que si lo seguimos hasta el fin, el mundo aplaudirá para siempre y el Señor nos bendecirá para siempre.

El día de Año Nuevo de 1863 se hizo pública la declaración definitiva, que concedía la libertad a los esclavos de todos los Estados rebeldes. Pero hay que recordar que la ley de Emancipación sólo daba la libertad a los esclavos de las zonas y regiones donde el Gobierno nacional todavía no tenía autoridad.

La acogida a la ley de emancipación

La ley de emancipación no fue bien acogida. Los abolicionistas y los republicanos radicales la hallaron todavía muy conservadora, en tanto que los demócratas pro-esclavistas acusaron a Lincoln, tachándole de traidor por haber convocado al Norte a combatir en favor de la Unión, cuando lo único que le interesaba, y la proclama lo demostraba, según ellos, era terminar con la esclavitud.

Lincoln se dio cuenta de que la ley no había sido muy bien recibida, sobre todo cuando algunas sociedades secretas agitaron sus banderas contra él, propugnando una paz negociada. Fueron asesinados varios oficiales de reclutamiento, y se hostigó a los individuos fieles al Presidente.

Sin embargo, cuando se aproximaron las elecciones para la renovación de parte de los gobernadores y congresistas, los argumentos dados por Lincoln consiguieron que los enemigos de la Administración fuesen derrotados por una gran amplitud de votos.

Las candidaturas de la Unión triunfaron en todos los Estados del Norte, exceptuando Nueva Jersey. En Ohio, por ejemplo, Clement Wallandigham, demócrata, que hizo un llamamiento a sus votantes para derribar la *tiranía* de Lincoln y pactar la paz con el Sur, perdió la elección de gobernador por más de 100.000 votos de diferencia. Y Lincoln pudo exclamar jubiloso:

«¡Gloria a Dios en las alturas! ¡Ohio ha salvado a la nación!»

Mientras tanto, el Sur todavía confiaba en la victoria; como expresaba Henry Timrod en uno de sus más conmovedores poemas, *Ethnogenesis,* al comienzo de las hostilidades:

¿No amaneció hoy con más luz que de costumbre?
¿Y no atraerá el crepúsculo otra estrella
del espacio infinito de la noche
para señalar este día en el cielo? Por fin somos
una nación entre naciones, y el mundo
ha de ver pronto, en más de un puerto lejano,
otra bandera desplegada.

* * *

No sólo por las glorias que los años
han de traernos; ni por las tierras de mar a mar,
y la riqueza, el poder y la paz, aunque todo ello vendrá,
sino también por las gentes lejanas y los murmullos
ahogados de un mundo que sufre, difundiremos la felicidad;
porque uno de los muchos fines por los que Dios nos hizo
poderosos y ricos es el de dar trabajo a los pobres
a lo largo y a lo ancho de este triste planeta,
y librar de penuria y de crimen la puerta mas humilde.

Poco antes, el Sur esperaba que el Norte permitiese que dos naciones incompatibles se separaran en paz. El destino confió la decisión del hecho a un solo hombre: Abraham Lincoln. Y naturalmente ello no fue posible.

CAPÍTULO XXII

CONTINUACIÓN DE LA GUERRA

La batalla de Chancellorsville

Tras la derrota de Fredericksburg, el general Burnside fue sustituido por el general Joseph Hooker, llamado familiarmente «Joe el Peleón», bajo cuyo mando quedaban ahora los 12.000 hombres del Ejército del Potomac.

Luego de dejar tras de sí una fuerza con orden de ocupar Fredericksburg, el 17 de abril de 1863 el general Hooker cruzó el río Rappahannock, situándose a la retaguardia del ejército de Lee. Pero en lugar de atacar al instante, prefirió vivaquear en un cruce de caminos llamado Chancellorsville, y este respiro le permitió a Lee enviar una fuerza que, al mando de Jackson, fue a desplegarse más al Norte, cayendo al llegar la noche sobre el ala derecha de los norditas, que deshizo por completo.

En el ataque, Jackson cayó mortalmente herido. Siguieron una serie de acciones, entre las que hay que destacar el intento unionista de recuperar Fredericksburg, ataque rechazado por Lee, quien arrojó al enemigo al otro lado del río. Luego, el general confederado optó por retirarse a su punto de partida.

La batalla de Chancellorsville duró ocho días, en el curso de los cuales Hooker perdió 17.000 bajas, contra las 12.000 de

Lee, pese a lo cual, aunque la victoria se inclinó del lado confederado, éste hubo de lamentar la pérdida de su famoso general «Muro de Piedra» Jackson, cuya ausencia se hizo sentir en acciones futuras.

Lee reorganiza su ejército

Después de la batalla de Chancellorsville, los suditas concluyeron que lo más acertado en aquellos momentos era intentar una invasión de las regiones del Norte. Y con este propósito, Lee procedió a reorganizar un ejército de 70.000 hombres, que sin perder tiempo comenzó un ataque relámpago, dividido en tres columnas, contra Pennsylvania.

Al frente iba la caballería, bajo el mando del valiente brigadier «Jeb» Stuart, pero éste se confió excesivamente y avanzó tan de prisa, que Lee perdió contacto con él y no pudo recibir la información adecuada acerca de las posiciones del adversario. Al darse cuenta del peligro, Hooker cruzó de nuevo el Potomac y se aprestó a defender Washington.

La batalla de Gettysburg

El 27 de junio de 1863, el ejército del general Lee estaba a unos 100 kilómetros al norte de la capital nordista. Entonces, Lincoln decidió sustituir a Hooker por el general George G. Meade.

El 1 de julio, elementos avanzados de ambos ejércitos trabaron contacto en Gettysburg, casi de manera fortuita. En seguida, el grueso de las dos fuerzas convergió sobre la pequeña población, iniciándose acto seguido la batalla de su nombre.

Durante el primer día se libraron combates de suma violencia que, no obstante, arrojaron un resultado poco positivo, ya que los sucesivos encuentros tenían lugar conforme las unidades iban llegando al lugar de la acción.

Al día siguiente, las fuerzas de la Unión se habían apostado en una altura de forma semicircular, llamada Cemetery Ridge, al sur de Gettysburg. Frente a ellos y hacia el Oeste, los confederados ocupaban una larga cima de nombre Seminary Ridge. Se libraron combates en distintos sitios: Culp's Hill, Peach Orchard, Little Top y Devil's Den, con resultados indecisos.

Al iniciarse la tercera jornada, el general Lee llegó a la conclusión de que la única esperanza de obtener una victoria decisiva residía en atacar el centro de la línea enemiga. La acción se inició sobre la una de la tarde con un fortísimo bombardeo de las posiciones unionistas, al que éstos respondieron con fuego igualmente nutrido de sus baterías, lo que originó un duelo artillero de caracteres devastadores.

La infantería confederada se lanzó al asalto de Cemetery Ridge, mas pese a su mayor número, que llegaba a 15.000 soldados, fue rechazado con graves pérdidas. A la tarde siguiente, Lee se retiró tras perder un tercio de sus efectivos.

Conquista de Vicksburg

Todo el curso del Mississippi, exceptuando un tramo de 225 kilómetros, se hallaba ya en poder de la Unión. En dicho trecho se encontraba Vicksburg, verdadera fortaleza que dominaba toda la región.

Su protección estaba bien asegurada por la curva del río, un amplio meandro, y por las tierras pantanosas que se extendían por el lado contrario.

La conquista de Vicksburg por los unionistas significaba dejar cortado en dos todo el dispositivo contrario. Grant maniobró con sus tropas por la orilla occidental del río, en tanto la flotilla, al amparo de la noche, pasaba ante la fortaleza. Entonces, Grant cruzó a la parte oriental y ocupó Grand Gulf.

Acto seguido, se dieron cinco batallas libradas en tres semanas, durante las cuales Grant y sus hombres arrasaron el nudo ferroviario de Jackson y rechazaron una salida de los asediados.

Al ver que los ataques frontales no daban el resultado apetecido, el general unionista se decidió por el sitio en toda regla, trazando casi veinte kilómetros de trincheras. El comandante de la plaza fuerte, John C. Pemberton, se rindió el 4 de julio y las tropas de la Unión penetraron en la plaza. La confederación ya estaba escindida.

Tras la batalla de Vicksburg

Después de la victoria de Vicksburg, los nordistas emprendieron una serie de ocupaciones en el Oeste. El general William S. Rosecrans avanzó con 60.000 hombres hacia el importante enlace ferroviario de Chathanooga, en Tennessee.

El ejército confederado, con sus 45.000 soldados al mando de Braxton Bargg, se retiró casi hasta Lafayette, Georgia, y allí se quedó aguardando refuerzos. Los dos ejércitos se encontraron cerca de Chickamauga, y Rosecrans fuc rechazado, debiendo emprender la retirada, ya que no contaba con la posibilidad de recibir suministros y las raciones de sus soldados estaban sumamente reducidas.

El general Grant, que ostentaba ya el mando supremo de las operaciones, apoyado por las fuerzas de Hooker y Sherman, acudió en ayuda del ejército nordista en Chickamauga, y entre todos lograron abrir una vía de aprovisionamiento.

Sus efectivos se situaron después en un llano que estaba dominado por el monte Loockout, a la derecha, y el Missionary Ridge a la izquierda y mediante una serie de ataques simultáneos, los rebeldes fueron arrojados del primero de los montes.

Poco después, también se vieron fuera del monte Missionary. En vista de ello, Bragg se retiró con su ejército hacia Georgia.

CAPÍTULO XXIII
LA ORACIÓN DE GETTYSBURG

El 19 de noviembre de 1863 debía consagrarse el Cementerio Nacional de Gettysburg. Al principio, el Comité organizador de las ceremonias no le pidió al Presidente que pronunciase un discurso, porque los caballeros de tan augusto lugar dudaban acerca de si Lincoln podría perorar en una ocasión tan solemne y grandiosa. Pero cuando al fin, con notable retraso, fue invitado, lo hicieron para poder dedicar formalmente los terrenos del cementerio a su sagrado uso con unas observaciones oportunas. Y Lincoln accedió de buen grado.

Después, preparó su discurso con gran cuidado.

La pretensión de que lo compuso mientras se dirigía en tren a la ceremonia no pasa de ser una leyenda. El discurso se escribió en Washington y se revisó varias veces. Incluso después de llegar a Gettysburg, Lincoln rehizo la oración. A medianoche, terminó aquella tarea y entonces fue al alojamiento del secretario Seward, leyéndole a éste la versión final.

La oración del Presidente

Al día siguiente, más de 15.000 personas acudieron al cementerio para escuchar a Edward Everett, famosísimo orador, al que correspondía la intervención más importante del acto. La voz tonante de Everett mantuvo a los espectadores en suspenso durante más de dos horas. Sus gestos subrayaban dramáticamente el discurso, lleno de citas clásicas.

Mientras tanto, Lincoln no hizo más que mirar su manuscrito, leyendo y releyendo las dos páginas. Una vez hubo terminado el primer orador, Lincoln se levantó, apretando el manuscrito con las dos manos.

Hace ochenta y siete años —empezó con voz algo estridente— *nuestros padres fundaron en este continente una nueva nación concebida en la libertad y consagrada sobre todo al principio de que todos y cada uno de los hombres son creados iguales.*

Ahora estamos empeñados en una gran guerra civil, comprobando si esta nación o cualquier otra nación así concebida y consagrada puede subsistir de esta manera. Estamos reunidos en el campo de batalla donde se libraron unos grandes combates de esta guerra. Hemos venido a consagrar una parte de este campo como sitio para el descanso final de los que aquí dieron sus vidas con el fin de que esta nación pueda seguir viviendo. Nada más justo y adecuado que así lo hagamos.

...Sin embargo, en un sentido más amplio, no podemos dedicar, no podemos consagrar, no podemos santificar este pedazo de tierra. Todos los héroes, vivos o muertos, que han luchado aquí, lo han consagrado ya de una manera tan elevada que no podríamos añadir o quitar nada de lo que ellos ya hicieron.

El mundo prestará poca atención a lo que digamos aquí: no lo recordará mucho tiempo, pero nunca podrá olvidar lo que ellos hicieron en este lugar. Nos incumbe más bien a nosotros, a los vivos, dedicarnos con ahínco a la tarea más inacabada que ellos vinieron realizando tan noblemente hasta ahora, para que esos honrados muertos nos inspiren una devo-

ción aún mayor hacia esa causa por la que ellos die-
ron la más plena medida de devoción para que pro-
clamemos solemnemente que esos muertos no murie-
ron en vano, bajo la guía de Dios; para que esta
nación renazca en la libertad y para que el gobierno
del pueblo, para el pueblo y por el pueblo, no des-
aparezca de la faz de la Tierra.

Este fue el final del discurso.

Everett se sintió decepcionado, según le susurró al secretario Seward. El mismo Lincoln no estuvo satisfecho con su discurso, que había durado menos de tres minutos. Pensó más adelante que debía de haberlo «preparado con más cuidado».

El diario de Harrisburg, población próxima a Gettysburg, escribió acerca de lo pronunciado por el Presidente:

Pasamos por alto las tontas observaciones del
Presidente; por el crédito que merece la nación, espe-
ramos que el velo del olvido caiga sobre ellas y que
no sean repetidas ni recordadas.

Por su parte, el *Times* de Londres, aseguró que:

... la ceremonia resultó grotesca por algunas ocu-
rrencias de ese pobre presidente Lincoln, que parece
decidido a representar en esa gran Unión americana
el papel del famoso gobernador de la ínsula Barataria
(Sancho Panza). Sería difícil decir nada más insulso
y más vulgar.

Fue el *Chicago Tribune* el que primero publicó una crónica favorable al discurso presidencial:

Volved a leerlo; valdrá la pena estudiarlo como
un modelo de discursos. Fuertes sentimientos y un

*poderoso cerebro fueron sus padres y un poco de
esmero fue su comadrona.*

Lo cierto es que las palabras de Lincoln habían disemi-
nado una semilla casi bíblica, al invocar la tarea para después
de aquella guerra fratricida.

Lincoln no deseaba revanchismos ni venganzas de ninguna clase. Sabía que cuando llegara el final de las hostilidades la obra de reconstrucción sería gigantesca y necesitaría el apoyo de todos, de vencedores y de los vencidos. Así
lo recordaría cuando asumió la segunda presidencia:

> *Sin malignidad para nadie, con caridad para
> todos, con firmeza en la justicia, tal como nos señala
> Dios la justicia, terminaremos la tarea en que esta-
> mos empeñados: curemos las heridas de la nación,
> cuidemos del que ha sobrellevado el peso de la
> lucha y cuidemos también de su viuda y su huér-
> fano; hagamos todo lo que pueda lograr y conso-
> lidar una justa y duradera paz entre nosotros y con
> todas las naciones.*

Fue con este espíritu con lo que Abraham Lincoln hizo la
guerra. Y si le hubieran permitido hacer la paz, la habría hecho
con ese espíritu...

Casi siempre, las batallas de la Guerra de Secesión terminaban en sangrientas luchas cuerpo a cuerpo.

CAPÍTULO XXIV
LINCOLN, REELEGIDO

El 12 de octubre de 1863, Elihu B. Washburnc, diputado por Illinois, se dirigió al Presidente:

> *A pesar de todas las preocupaciones que nos rodean, ha llegado el momento en que debemos afrontar la cuestión de quién será nuestro próximo candidato presidencial. Creo que usted debería dar a conocer a sus amigos confidenciales cuáles son sus deseos.*

—Un segundo período —respondió Lincoln—, sería un gran honor y una gran carga que, juntos, tal vez no declinase si me ofrecieran.

Lincoln no lo decía por vanidad ni afán de mando, sino porque un segundo período seguramente le daría el tiempo necesario para terminar la guerra victoriosamente y poder realizar su gran anhelo: la reunificación de todos los Estados del Sur con los del Norte y la emancipación efectiva de los negros esclavizados.

No todo fueron rosas en el camino para su designación como candidato a presidente por segunda vez. La Prensa y la oposición tronaron contra Lincoln con todas sus fuerzas, intentando que no presentase su candidatura primero, y que la retirase después de haberla presentado. Horace Greely llegó a expresar:

Abraham Lincoln ya está derrotado. No puede ser elegido. Y debemos ofrecer otra candidatura si no queremos ser derribados. Si tuviésemos la candidatura que se podría hacer con Grant o con Sherman para la Presidencia, y Farragut para la Vicepresidencia, podríamos luchar todavía. Y debemos obtener esa candidatura con Convención o sin ella.

Pero las victorias en el frente de batalla, con la toma de Atlanta por Sherman, con el triunfo del almirante Farragut en la bahía de Mobile, lo cambiaron todo. Incluso los contrarios al Presidente empezaron a apoyarle fervorosamente. Y en el mes de octubre, todas las apuestas estaban a favor de la reelección de Lincoln.

La victoria en las votaciones fue decisiva.

Lincoln consiguió 2.213.665 votos contra 1.802.237 para McClellan. Los votos de los soldados, que se calcularon aparte, también favorecieron al Presidente por 116.000 votos contra los 33.740 de McClellan.

Pero la guerra continuaba haciendo estragos, y Lincoln no tuvo tiempo de regocijarse por el nuevo nombramiento para seguir rigiendo los destinos de su patria.

CAPÍTULO XXV
ULYSSES S. GRANT

La balanza se estaba inclinando en favor de los nordistas, a lo que contribuía en gran medida la pericia y decisión del general Ulysses S. Grant.

Ulysses S. Grant

La historia de este militar es asaz pintoresca. Después de la campaña de México, donde ganó fama por lo espectacular de sus acciones, viose apartado del ejército debido a sus continuas borracheras.

En verdad, la única debilidad que había tenido Grant durante toda su vida había sido la bebida.

En realidad, se ignoran las circunstancias que pudieron llevar a este hombre a dicho vicio, pero lo cierto es que a los treinta y dos años, ostentando ya el grado de capitán, tuvo que dejar el Servicio, a pesar de que cumplía con todas sus obligaciones.

Fuera del Ejército, con el dinero que le dejó un amigo suyo, emprendió el viaje de regreso a su casa. Una vez allí, su padre escribió al Ministro de la Guerra implorando que tuviera clemencia para con su hijo y le reinsertara al servicio. Pero de nada sirvió.

Es posible que aquel Ministro, a la sazón Jefferson Davis, se arrepintiera diez años después de no haberle concedido la clemencia pedida. Pero lo cierto es que no consintió. Entonces, Grant emprendió diversos negocios, todos los cuales fracasaron. Se hizo granjero y tuvo que dejarlo, de la misma forma que se vio obligado a abandonar un negocio de leña que inició en los alrededores de San Luis. Tampoco tuvo suerte siendo corredor de fincas, ingeniero rural o cobrador de deudas atrasadas.

Pero la guerra le devolvió la suerte perdida. Pocos días después del primer llamamiento a filas de Lincoln, el ex oficial tenía formada una compañía de voluntarios y salió con ella hacia Springfield, para incorporarse al ejército. No obstante, por el camino entregó el mando de su tropa a un capitán a quien él mismo había enseñado instrucción tiempo atrás.

La modesta forma de su entrada en Springfield —como un voluntario más—, el día que cumplió cuarenta años, recuerda la entrada de Lincoln en la misma ciudad. Tuvo grandes dificultades para conseguir volver al servicio, e incluso tuvo que pedir prestado a un comerciante el dinero preciso para el uniforme y el caballo.

Pero, desde ese momento, desplegando sus buenas cualidades y gracias a su seriedad y experiencia, se hizo indispensable. Ascendió tan rápidamente que, al cabo de dos meses tenía ya a sus órdenes más de mil voluntarios y, poco tiempo después, se hallaba al frente de la región Sudeste del Missouri y comarcas limítrofes.

Su primer éxito fue la ocupación de la ciudad de Paducah, pero no realizado como una hazaña militar, sino por la publicación de un documento, que dio a conocer a los posibles lectores el tono sencillo, pero firme, de uno de los nuevos generales:

He venido para defenderos contra el enemigo y sostener la autoridad y libertad de vuestro Gobierno. En realidad, no tengo nada que ver con ideas ni opiniones y sólo pienso ocuparme de la rebelión y de

los que la apoyan. Vosotros debéis seguir ocupados
en vuestros asuntos y negocios y no debéis temer
nada. El vigoroso brazo del Gobierno está aquí para
proteger a sus partidarios y castigar al enemigo.
Cuando se demuestre que estáis en posición de defen-
deros vosotros mismos y de afianzar el poder del
Gobierno, retiraré mis tropas.

Obtuvo el grado de coronel en la milicia de Illinois, y pos-
teriormente fue ascendido a brigadier, ascenso en el que juga-
ron un papel preponderante sus influyentes amigos.

Cuando en 1862 fue nombrado comandante de un distrito
militar de Illinois, nadie sospechó que con el tiempo acaba-
ría por ser el verdadero artífice de la victoria de la Unión.

Ahora, después de la victoria de Chattanooga, Lincoln,
que desde hacía tiempo venía admirando las cualidades militares del general, decidió nombrarle general en jefe, hecho
que quedó promulgado con fecha 9 de marzo de 1864.

Grant necesitaría a partir de este momento considerables
efectivos para llevar a la práctica sus proyectos. Mas las perspectivas no eran demasiado buenas. Desde que en marzo de
1863 Lincoln decretó la primera movilización general cono-
cida en la historia de Estados Unidos, los habitantes de la
Unión no habían dejado de protestar airadamente contra tal
medida.

De todos modos, el Estado necesitaba tropas y no podía
seguir dependiendo de la milicia, aunque estaba claro que el
decreto de movilización comportaba injusticias y errores de
bulto.

Por ejemplo, según el mismo, nadie, aparte de los inváli-
dos totales, quedaba exento de ser movilizado, pero al mismo
tiempo, cualquier recluta podía librarse de empuñar las armas
pagando una cuota de 300 dólares con la que, en realidad,
compraba los servicios de un sustituto mandado al combate
y tal vez a la muerte.

Los irlandeses y otros emigrantes pobres promovieron un levantamiento en Nueva York que se inició en el mes de julio y duró 4 días, durante los cuales se cometieron toda clase de desmanes, siendo saqueadas las tiendas y almacenes, y linchando a varios negros por considerarlos la causa de sus males.

Después de la batalla de Gettysburg fue necesario sacar incluso tropas del frente para que restableciesen el orden en la retaguardia. Por su parte, los confederados ya habían implantado el mismo sistema un año antes.

Los unionistas disponían ahora de una formidable máquina bélica. Se ganaban batallas a costa de grandes desastres, y la situación de la industria y el comercio, así como la agricultura daban signos alentadores.

En marzo de 1864, ya nombrado Grant, el ejército del Potomac quedó dispuesto para empezar su proyectada ofensiva de primavera.

El 4 de mayo se iniciaron las operaciones con la batalla del Erial, en la que Grant se libró de Lee, no sin pasar grandes apuros. Siguieron diez días de una lucha feroz en Sposylvania, y acto seguido, Grant prosiguió hacia el cruce de carreteras de Cold Harbor, a la vista casi de Richmond.

Richmond, capital de la Confederación, lo es hoy del Estado de Virginia. Situada junto al James River, en el punto donde se hace el río navegable, abriéndose un camino con numerosas cascadas. Cuando fue elevada a la capital del Estado en 1780, no contaba más que con un centenar de habitantes. Era el principal objetivo de los nordistas en la guerra. Aproximadamente una tercera parte de la población está constituida por negros, que trabajan en las fábricas de tabaco, pues Richmond es el centro de fabricación de cigarrillos mas importante del mundo.

Uno de los parajes más notables de esta ciudad es su Square del Capitolio, cuya hermosa vegetación y sus campos de hierba ocupan una respetable extensión, rodeando la Casa del

Estado, que fue terminada en 1789. En la rotonda de este edificio se halla el bloque de marmol más preciado de América: la estatua de Washington, hecha por Houdon copiando del natural y que es considerada como la representación de mayor parecido que existe del primer presidente de los Estados Unidos. En el Hollywood Cementery se hallan enterrados hijos preclaros de Virginia, como Monroe y Tyler, presidentes de los EE.UU., y Jefferson Davis, presidente de la Confederación. Una pirámide de granito, recubierta de parras, recuerda a los 16.000 soldados confederados enterrados allí, que murieron en defensa de la ciudad.

CAPÍTULO XXVI

FINAL DE LA GUERRA DE SECESIÓN

La victoria de Atlanta

El 1 y el 3 de junio lanzó Grant dos ataques que no obtuvieron el éxito esperado, y siguieron dos semanas de encarnizada guerra de trincheras.

Grant concentró al momento su atención en el importante nudo ferroviario de Petersburg, centro vital para el aprovisionamiento de Richmond. Hubo que tender un puente sobre el río James en el que sólo se emplearon ocho horas.

Los primeros ataques contra la capital fracasaron, por lo que Grant se resignó a establecer un cerco que debía prolongarse nueve largos meses, mientras la ciudad era bombardeada sin tregua por medio de grandes morteros y se adelantaban líneas bajo la protección de enormes faginas de troncos. Las bajas fueron harto elevadas por ambos bandos.

Con aquellas acciones, Grant inició una guerra de atrición que el Sur no podía por menos que perder. Ante tal situación, los confederados trataron a la desesperada una acción decisiva contra la capital nordista, y el 11 de junio de 1864, irrumpieron en el valle del Shenandoah, llegando a unos cuantos kilómetros de Washington.

Pero el general Sheridan, que mandaba la caballería unionista, neutralizó este ataque con dos batallas: Winchester y Cedar Creek, devastando prácticamente todo el valle.

Por su parte, el general Sherman inició una serie de maniobras espectaculares que obligaron a sus contrarios a retirarse hacia Atlanta. Tras lograr el rechazo de dos feroces contraataques, los unionistas pusieron cerco a la ciudad, tratando de atrapar en la misma al enemigo, pero el 2 de setiembre, los confederados lograron escabullirse, aunque la ciudad no tardó en rendirse.

La victoria de Atlanta fue recibida con gran entusiasmo en el Norte y con la consiguiente consternación en el Sur.

Ahora quedaba expedito el camino para un avance unionista hasta la costa atlántica, lo que los confederados parecían dispuestos a facilitar tras retirarse a Tennessee. Luego de sufrir otra derrota en Nashville, el ejército sudista continuó su retirada hacia el Sur, únicamente con la mitad aproximada de sus efectivos normales.

Destrucción completa

Mientras tanto, y después de haber evacuado a la población civil, Sherman incendió Atlanta, emprendiendo a continuación la ruta hacia la costa oriental. Contaba con un ejército de 60.000 soldados que marchaban en cuatro fuertes columnas.

Como los soldados habían recibido la orden de «tierra calcinada», se dedicaron concienzudamente a devastar todo el terreno por donde pasaban. La destrucción no perdonó un solo palmo de tierra en una longitud de casi 400 kilómetros y una anchura de noventa.

Todo fue saqueado e incendiado; se arrasaron metódicamente las plantaciones y se destruyeron las fábricas, las comunicaciones y los puentes, llegándose a arrancar las traviesas de la vía férrea y retorcidos los rieles.

A principios de 1865, la caballería del general Sheridan aplastó a los confederados en repetidas ocasiones.

155

El objetivo de todo esto no era sino sembrar el terror y destruir la moral de la población. La teoría de Sherman acerca de la «guerra total» precedía de este modo, en casi un siglo, a las catástrofes de guerras mundiales posteriores.

El incendio de Richmond

En diciembre del mismo año, cuando se hubo ocupado el puerto de Savannah, que fue una victoria que Sherman le ofreció a Lincoln como regalo navideño, las unidades dieron un giro hacia el Norte para reunirse con las tropas de Grant.

Poco antes de todo esto, había tenido lugar la reelección del presidente Lincoln que, no obstante ser considerada con cierto escepticismo por algunos sectores de la opinión, se resolvió favorablemente a favor del candidato, gracias sobre todo al optimismo generado por las victorias del general Sherman.

Este continuó, pues, su arrolladora marcha, ocupando Charleston y Goldsboro, mientras Grant inmovilizaba a Lee en torno a Petersburg.

El jefe sudista contaba con unirse a los contingentes de Carolina del Norte, por lo que tuvieron lugar una serie de combates cuyo resultado final fue desastroso para los confederados, que fueron aplastados en Five Forks por la caballería de Sheridan, mientras que Grant desencadenaba un ataque contra el ala derecha de su dispositivo.

El 2 de abril, el centro quedó deshecho y aquella misma noche los sudistas abandonaron Petersburg y su capital, Richmond, a la que incendiaron antes de retirarse, con lo que la ciudad quedó convertida en un montón de ruinas.

Lincoln en Richmond

Lee y Davis habían huido con los restos de ejército del Sur, y todas las gentes acudieron a contemplar la fortaleza que, finalmente, había caído en manos del sitiador.

El río, pese a que todavía no estaba completamente limpio de ruinas, se veía repleto de embarcaciones adornadas con bandas multicolores y que llevaban a bordo bandas de música.

Cuando el Presidente y su hijo llegaron a Richmond no se oyeron salvas de salutación, como tampoco hubo una entrada triunfal. Todo fue sin pompa ni ostentación.

Cuando la lancha de Lincoln llegó a un punto de amarre posible, saltaron a tierra. Los únicos seres humanos que se veían era una docena de negros, uno de los cuales reconoció inmediatamente a Lincoln como el Salvador y empezó a cantar vítores en honor del Presidente.

Este, conmovido, pronunció ante la docena de negros un breve discurso:

—No os arrodilléis ante mí, pues no es justo. Únicamente debéis arrodillaros ante Dios y es a Él a quien debéis dar las gracias por la libertad de que vais a disfrutar. Yo he sido únicamente su instrumento, pero, mientras yo viva, podéis estar convencidos de que nadie se atreverá a volver a poneros un grillete de esclavo y os puedo asegurar que tendréis los mismos derechos que los demás ciudadanos libres de esta República.

Después de pronunciado este pequeño e improvisado discurso, Lincoln se dirigió hacia el centro de la ciudad, en un día muy caluroso con un aire enrarecido e irrespirable. Pero Lincoln podía ser visto por todos, pues sobresalía por encima de todas las cabezas.

Así entraron en la ciudad el Presidente y los ya millares de negros que se habían congregado para acompañarle. Visitaron el Cuartel General de Davis, el Congreso y algunos otros sitios y, poco después, regresaron al barco para reemprender el camino hacia Washington.

La rendición del general Lee

El general Lee partió a marchas forzadas en dirección a la línea férrea, que esperaba utilizar para unirse a Johnson en Carolina del Norte. Perseguido muy de cerca por Grant, y después de perder casi la mitad de sus hombres en Sayler's Creek, se halló con que Sheridan le obstaculizaba el paso. La situación era ya tan desesperada que Lee perdió toda esperanza de una posible recuperación.

No teniendo reservas a su alcance y estando desprovisto de todo recurso que le permitiera resistir por algún tiempo, optó por rendirse a su enemigo, acto que tuvo lugar el 9 de abril de 1865, en la granja McClean del pueblo de Appomatox, al oeste de Richmond, Virginia.

Cuando se procedía a la ceremonia de la firma, el general sudista lució un uniforme impecable de gala, con faja amarilla y espada adornada con piedras preciosas, mientras que Grant apareció tan sucio y astroso como siempre, llevando la vestimenta de combate con el que había tomado parte en tantas acciones.

Sin embargo, y pese al entusiasmo de los soldados, no permitió que nadie exteriorizase alegría alguna. Prohibió incluso los vítores y el griterío mientras los vencidos desfilaban y dejaban sus armas, rodeados, pues, de un silencio impresionante.

El general Johnson se rindió a Sherman en Durnham, Carolina del Norte, el 26 de abril, y un mes más tarde hizo lo mismo el resto de los ejércitos confederados, en Nueva Orleans, con lo que la sangrienta guerra fratricida se consideró definitivamente terminada.

En un gesto muy encomiable, se permitió a los rebeldes emprender la larga caminata hacia sus hogares de procedencia, llevando sus caballos.

La Prensa ante la victoria final

Los periódicos lanzaron ediciones extraordinarias y uno de ellos proclamó que a partir de aquel momento «la bandera de las barras y las estrellas volvía a ondear con todos los honores en Fuerte Sumter».

Aunque en febrero de 1865 Lincoln rechazó las ofertas de paz de la Confederación al insistir éstos en recibir trato de Estado independiente, ahora concentró todos sus esfuerzos en acoger de nuevo en el seno de la Unión a los Estados confederados, sin hacerles reproche alguno, y poniéndose a un reajuste inmediato de las mutuas relaciones.

Definitivamente había terminado la guerra de Secesión, que todavía hoy día se recuerda como particularmente sangrienta, pero no completamente inútil, puesto que tendió al final del esclavismo de los negros en Estados Unidos de Norteamérica.

El período que sigue a la guerra civil es crítico en la forja de la personalidad nacional de los Estados Unidos.

La contienda dejó una herencia de odios y cuestiones acuciantes cuya resolución fue difícil. Aparte de los morales: la división de las conciencias, la mezcla de la aversión y desprecio que los hombres del Sur experimentaron por los yanquis norteños, podrían distinguirse tres tipos de problemas: la incorporación política de los Estados del Sur a la Unión, la integración social de los negros y la recuperación de los destrozos económicos provocados por las operaciones bélicas.

Durante bastantes años la miseria del Sur perduró con trazos dramáticos: los plantadores se arruinaron, empresarios del Norte compraron a bajo precio las plantaciones que se vendían e hicieron negocios al amparo del ejército de ocupación.

Con la crisis internacional de 1873, en la que se produjo un hundimiento de los precios agrícolas, el descontento del Sur aumentaría. Se produciría entonces un cambio de política: evacuación del ejército de vigilancia y permiso a los Estados sureños para seguir su propia política con respecto al problema negro; las enmiendas a la Constitución comenzaron a interpretarse casuísticamente.

En 1878 la producción de algodón alcanzaría ya los niveles de preguerra, pero la baja de los precios en casi un 50% y la de trigo en un tercio en el último cuarto de siglo prolongaron una situación de pauperismo agrario que persistió hasta la Segunda Guerra Mundial.

Lo que se llamará el Nuevo Sur, será un área que se industrializará, pero a un ritmo mucho más lento que Nueva Inglaterra; un cierto retraso económico, una sociedad conservadora, más fuertemente nostálgica del pasado y un intenso sentimiento de discriminación hacia el negro, que se traducirá en el surgimiento del *Ku Klux Klan,* señalarán los perfiles de unos Estados que mantendrán con orgullo sus rasgos diferenciales.

CAPÍTULO XXVII

LA PROXIMIDAD DEL FIN

El Presidente Lincoln, como ya hemos explicado en el capítulo anterior, fue uno de los primeros en entrar en Richmond, la capital de la Confederación.

Ya de regreso a Washington, en la primera sesión que se celebró en el Congreso, libre ya del terrible peso de la guerra que había vivido toda la nación, Lincoln exclamó:

—¡Nada de desquites innecesarios! ¡Esta guerra ya ha abierto bastantes heridas que será muy difícil cicatrizar!

Lincoln, ésta es la verdad, deseaba construir sin humillar a los vencidos, siempre que las condiciones de paz se cumpliesen en dos aspectos para él sumamente importantes: mantenimiento de la Unión y abolición completa de la esclavitud.

Grant, Sherman, Sheridan y otros generales estaban de acuerdo en los dos puntos, y lo único que anhelaban también era que el depuesto presidente sudista, Jefferson Davis, abandonase el país.

Lincoln, por su parte, no deseaba ahorcar al hombre que había representado a la Confederación del Sur, limitándose a hacerle prisionero, a pesar de que los abolicionistas radicales también pedían la cabeza de Davis.

Para la Confederación del Sur, la capitulación era la señal de su disolución.

El triunfo del Norte era completo, y el odio, un odio incubado durante todos aquellos años de lucha cruel, agravado al fin por la derrota definitiva, iba a armar la mano de un fanático. Por otra parte, se organizaron diversas conspiraciones para que el presidente Lincoln, que había ganado la guerra, no pudiese ganar la paz.

Y fue entonces cuando en la historia de Estados Unidos, se inscribió el nombre de John Wilkes Booth.

Un mal actor, un buen asesino

¿Quién era John Wilkes Booth?

Su padre, Junius Booth, representó varias tragedias teatrales en el teatro de Drury Lane, en Londres, al lado del célebre actor Kean. Años después de haber emigrado a Norteamérica, y dejar el oficio de actor, se hizo granjero en Baltimore, en el Estado de Maryland.

Fue allí donde nació John Wilkes, en 1838, y se le impuso este nombre en memoria del político inglés que en el reinado de Jorge III de Inglaterra lanzó el grito de «¡Wilkes y Libertad!»

De esto es fácil deducir que el padre de John Wilkes era un liberal, aparte de ser vegetariano convencido y aficionado a estudiar el Talmud judío. Pese a haber abandonado la honrosa profesión de actor para dedicarse a la no menos noble de agricultor, despertó la vocación del arte de Talía en sus hijos, y consiguió que John Wilkes debutase en Baltimore en 1855, con la tragedia de William Shakespeare *Ricardo III*.

En 1857, contando diecinueve años de edad, John Wilkes entró a formar parte del grupo dramático de Filadelfia, donde logró algunos éxitos. Al año siguiente, viajó a Richmond, y en las tierras del Sur continuó interpretando el repertorio shakespeariano, actuando ya en primeros papeles en 1860 en el teatro de Columbus, Georgia.

De sus contactos con la gente del Sur, el espíritu inquieto y hasta cierto punto inteligente, de John Wilkes, decidió abrazar las ideas fanáticas de los secesionistas, convirtiéndose asimismo, por lo tanto, en un gran defensor de la esclavitud.

Debido a esto, participó en las reuniones donde se proyectaba incendiar las ciudades de los odiados yanquis del Norte, y donde también se hablaba de la muerte del presidente Abraham Lincoln, como un hecho necesario para el bien nacional.

Un nuevo viaje profesional le condujo en 1862 a Nueva York, formando parte de la gira artística que se inició allí, en compañía de sus hermanos Junius y Edwin, que le secundaron en la obra *Julio César,* donde él creaba a Marco Antonio. De todas maneras, John en nada se parecía a sus hermanos, e incluso llegó a abofetear a Edwin, cuando éste le dijo que había votado a Lincoln en la primera elección para Presidente.

Era, por lo tanto, un verdadero fanático que, además, era de buen aspecto y un osado seductor, de pelo tan negro como el ébano, ojos brillantes y una cicatriz en la mano zurda, lograda en una pendencia por celos que sostuvo en cierta ocasión con un artista ecuestre. La muchacha quería matarle, y cuando no lo consiguió, poco después se suicidó.

John Wilkes, asimismo, era muy vanidoso. Sus compañeros de arte lo observaron en múltiples ocasiones, al oírle murmurar cuando el público aplaudía a alguno de ellos:

—No importa... Ya procuraré yo que las generaciones futuras recuerden mi nombre.

Por desgracia, la Historia sí lo recordó, mas por otros motivos, aunque también teatrales, pues su acción estuvo envuelta en la mayor teatralidad posible, no por la interpretación de un protagonista sino de un traidor a cuyo lado, Yago es una pálida muestra de la traición.

Tanto era el fanatismo de John Wilkes Booth, que le envió una carta a su hermana Aisia Clarker, a Filadelfia, «por si en algo importante, él resultaba muerto».

Entre otras cosas, la carta decía:

> *De una cosa estoy bien seguro: que el Norte es culpable para siempre. ¡Cúmplase, pues, la voluntad del Señor! Nuestro país ha sido hecho para los blancos y no para los negros. Pienso en la esclavitud de los africanos y juzgo que es una bendición muy grande que Dios ha dado a una nación a la que ama. Vean cómo han subido los negros gracias a nosotros, mucho más que los de su raza en cualquier otro lugar. Por otra parte, el Sur no ha tenido opción: o el exterminio o la esclavitud...*

Esta carta se exhibió en el sumario, cuando el matrimonio Clarker la envió durante la instrucción del proceso, cuando ya todo el país lloraba la muerte del Presidente Abraham Lincoln.

Fue la misma hermana de John quien la envió.

En dicha carta, el regicida añadía:

> *Mi profesión me garantiza 20.000 dólares al año. Nunca el Sur me ha dedicado palabras amables. No tengo allí ningún amigo, como no sea los que hay enterrados. Pero amo a la justicia más que a mi país, y a mi reputación más que a la riqueza...*

Y leal a estas ideas, que llegaron a obsesionarle, al concluir la guerra, en la conjura que organiza en Washington, logró involucrar a Michel O'Laughton y a Samuel Arnold, amigos suyos de la infancia, a los que, después se sabrá, John Wilkes tuvo siempre aterrorizados por sus descabellados proyectos.

También logró meter en el plan a un tal Atxerodt, un alemán de oficio carrocero, y racista emigrado, así como a David Herold, un joven farmacéutico, que sin duda estaba enamo-

164

Lincoln, vencedor, deseaba la paz sin humillar a los vencidos, pero haciendo prevalecer sus ideales.

rado de John Wilkes, por cuyo motivo hizo de él cuanto quiso el actor.

Todos ellos contaban con los servicios de John Surrat, personaje dedicado al menester de mensajero, y que durante muchos años se dedicó a conducir a los sudistas que deseaban abandonar Washington para trasladarse al Sur.

CAPÍTULO XXVIII
LA CONSPIRACIÓN

Todos estos conjurados se reunían en una casa de los suburbios de Washington, encontrándose allí con la señora Surrat, madre del carrocero alemán, que era una sudista acérrima, que había poseído numerosos esclavos, y que no perdonaba a los del Norte haberlos perdido.

A este grupo se unió también Lewis Payne, un joven alto y robusto, de carácter iracundo, taciturno, y bastante estúpido, de unos veinte años, que admiraba mucho a John Wilkes, seguramente también enamorado de él, pues le seguía como un perro fiel.

Cuando John Wilkes se enteró de que el 13 de abril de 1965 iba a llegar victorioso a Washington el general Ulysses S. Grant, la noticia le inflamó la sangre. Pensó que con toda seguridad el triunfal general y el Presidente Lincoln se presentarían en público y que sería maravilloso liquidar a los dos.

En Washington existían a la sazón dos teatros, el Ford y el Grover, donde daban funciones de gala con la esperanza de atraer al Presidente, aficionado al teatro, el cual, con toda certeza, invitaría a su ilustre visitante.

John Wilkes Booth, efectuó con discreción ciertas averiguaciones, y se enteró de que el Presidente prefería el teatro Ford, a fin de aplaudir a la famosa Laura Keene, que representaba una comedia de tipo cómico.

La noticia regocijó mucho a John Wilkes, pues pensó que matando a Lincoln en el teatro, todo el público presenciaría la tragedia. Shakespeare, con toda su imaginación, no pudo soñar una tragedia mayor. Ni *Hamlet,* ni *Macbeth,* ni *Ricardo III* tenían la fuerza dramática de aquel magnicidio a lo vivo. Y tal vez el asesinato podría ser doble. Por eso, John Wilkes se dirigió al hotel donde se hospedaba y redactó una larga carta al diario *National Intelligence,* anunciando su crimen. La firmó con los nombres de Booth, Payne, Atzeroth, Herold...

Con esto, acababa de condenar a muerte a sus colaboradores.

Nada le importaba con tal de poder llevar a cabo su odioso plan. El ya conocía bien el local, pues allí mismo había actuado representando obras del bardo inglés. Por eso sabía que el palco presidencial era doble, estando compuesto por dos aposentos cuyo tabique de separación se retiraba cuando lo ocupaba una personalidad. Al palco se llegaba por un estrecho pasillo aislado del corredor general de palcos del primer piso por una puerta pequeña. Y John Wilkes Booth aseguró dicha puerta con un pedazo de madera para que una vez entrara él, no pudiese hacerlo nadie más.

Incluso colocó los asientos de forma oportuna para poder alcanzar al Presidente con mayor facilidad: el sillón de Abraham Lincoln, hacia delante, en la esquina del palco más alejada de la escena, el de su esposa, un poco más atrás, empujando los otros dos sillones para dejar un pasadizo que le permitiría a él acercarse cómodamente para lanzar su traidor ataque.

Lo que ignoraba el actor era que Stanto, Secretario de la Guerra, le estaba aconsejando al Presidente casi a la misma hora que no asistiese a la función. Planeaba una estela de odio en el ambiente, pese a la terminación de la guerra, o tal vez por eso mismo, y Lincoln no debía olvidarlo.

—Washington es racista, señor Presidente... Sé que se están fraguando varios complots para acabar con la vida de su ilustre persona.

—Oh, Stanton, buen amigo mío... No hay que ser tan apocado —replicó el Presidente.

Pero el Secretario de Guerra sabía que todas las semanas alguien le daba cuenta de uno u otro complot para asesinar al Presidente. Asimismo, sabía que la ambiciosa Mary Lincoln había invitado a los Grant al teatro para que todo el mundo, al ver y vitorear al victorioso general, también vitorease a su marido.

—Por favor, no deje que los Lincoln salgan esta noche —fue Stanton a pedirle a Grant.

Entonces, Grant envió a Lincoln una nota excusándose de acudir al teatro aquella noche, ya que había tomado la brusca decisión de irse en tren a otra localidad, por lo que no les era posible asistir a la función de gala. Mary Lincoln se encolerizó en grado sumo, pero pronto se le pasó el enfado y decidió invitar en lugar de los Grant, a la señorita Harris y al mayor Rathburn, quienes se mostraron hondamente satisfechos ante tan alto honor.

Eran ya las 6:45 de la tarde del día 14 de abril de 1865, cuando el teatro Ford abrió las puertas, mientras en las calles de Washington, una multitud ávida esperaba ver pasar al Presidente y su escolta.

En la Casa Blanca, Lincoln pidió el coche, cuando de manera inesperada se presentó un amigo suyo, en compañía de un personaje al que el Presidente no conocía. El amigo le anunció que se trataba de un asunto urgente, pero Lincoln, pensando en el probable disgusto de su esposa, replicó:

—Dejemos los asuntos graves para mañana. Esta noche pienso reír con la obra teatral...

Así de sencillo era el presidente Lincoln. Amable, paciente y bueno, dotado de mucho tacto, modesto tolerante y generoso; jamás hablaba mal de un adversario.

A él se debe la frase en que se halla resumida toda la declaración de Independencia: «No quiero que nadie sea injustamente tratado ni apartado. Que todo el mundo tenga su oportunidad de triunfo». Sabía igualmente esperar su hora, y entonces también en el momento oportuno, obrar enérgicamente, con la mayor eficacia.

Era un estratega de la política, capaz de modificar su conducta en un momento dado, que reflexionaba a conciencia al alcance de cada acontecimiento nuevo, y escogía entonces la acertada ruta de lo posible. Sin embargo, este oportunista —si podemos llamarle así— nunca buscaba el provecho personal, sino siempre el bien del Estado, de la nación norteamericana.

Se ha dicho que era un enigma viviente, un hombre incomprensible. Quizá sea cierto; en todo caso, supo comprender mejor a sus compatriotas que éstos a él.

Los electores partidarios de Lincoln, solamente se equivocaron de su personalidad en un aspecto: Lincoln amaba a su pueblo, se encontraba a gusto con él, pero su visión política era infinitamente más amplia; para él la Unión, la república de los Estados Unidos, se hallaba por encima de todo. Todos los demás intereses, incluida la causa de los esclavos negros, habían de ceder ante ese gradioso principio, y si para mantener la Unión era preciso sacrificar la cruzada antiesclavista, Lincoln no lo hubiera dudado un instante.

A pesar de su inmensa simpatía personal hacia aquellos a quienes la alta sociedad americana aplastaba bajo la explotación y la injusticia, como político y estadista que era, se apoyaba exclusivamente en la más rigurosa lógica y el más frío cálculo.

Alguien dijo de él que poseía una naturaleza complicada, y así era, si hemos de atender a dos aspectos de su personalidad: el emocional y el racional en constante lucha en su interior, lo que le producía su proverbial melancolía y hasta casi desesperación.

CAPÍTULO XXIX
UN SUEÑO FUNESTO

Sin embargo, tal vez como una premonición, diez o doce noches antes, Lincoln tuvo un sueño extraño, perturbador. Se lo refirió a su esposa Mary:

Hace diez días, me acosté muy tarde, esperando unos mensajes interesantes del frente. No hacía mucho que estaba en cama cuando caí en un sopor muy profundo, ya que estaba agotado. No tardé en empezar a soñar. Me pareció percibir un silencio de muerte a mi alrededor. Después, oí unos sollozos ahogados, como de alguien que llorase. Creí levantarme de la cama y descender la escalera. En el piso bajo, el silencio estaba roto por los mismos tristes lamentos.

Fui de habitación en habitación, y sin ver a nadie, aunque los sollozos continuaban sin ceder un ápice. Vi luz en todas las habitaciones. Todos los objetos me eran familiares, pero ¿dónde se hallaban las personas que sollozaban como si se les partiese el corazón? Yo me sentía intrigado y alarmado. ¿Cuál era el significado de todo aquello?

Determinado a descubrir la causa de una situación tan misteriosa y extraña, seguí avanzando hasta que llegué a la sala del Este, donde entré. Allí vi una aterradora sorpresa. Delante de mí se alzaba un catafalco sobre el que reposaba un cadáver amortajado.

A su alrededor los soldados montaban la guardia. Había un grupo de personas contemplando triste- mente el cadáver, cuyo rostro quedaba velado. Otros lloraban sin consuelo.

—¿Quién ha muerto en la Casa Blanca? —pre- gunté a un soldado.

—El señor Presidente —fue la inesperada res- puesta. Y el soldado añadió—: Lo ha matado un ase- sino.

De pronto, se produjo entre los reunidos una fuerte explosión de lamentaciones y sollozos, y esto me des- pertó.

Aquella noche no logré volver a conciliar el sueño, y aunque sé que sólo fue un sueño, me tiene grande- mente preocupado.

Aquel relato también angustió a Mary.

—Ojalá no me lo hubieras contado. Me alegro de no creer en los sueños, pues de lo contrario estaría aterrorizada para siempre.

—No, Mary, sólo fue un sueño. No hablemos más del caso y tratemos de olvidarlo.

Poco después, Lincoln también le relató su extraño sueño a su amigo Hill Lamon, y al final comentó:

—Hill, su aprensión acerca del posible daño que pueda hacerme un enemigo oculto es pura tontería. Durante mucho tiempo estuvo usted intentando impe- dir que alguien, Dios sabe quién, me matara. ¿No ha visto usted lo que ha pasado? En ese sueño, el muerto no era yo, sino alguna otra persona. Parece que el fantasmal asesino probó su habilidad con otro. Y esto me recuerda a un viejo agricultor de Illinois, cuya familia enfermó por haber comido ciertas hortali- zas. Alguna hierba venenosa se mezcló con aquella

El general Grant en el acto de la rendición del general Lee en Virginia.

175

comida y la familia estuvo en peligro de muerte.
Había en la casa un muchacho medio tonto llamado
Jake; y después, siempre que había las mismas hor-
talizas para comer, el viejo solía decir: «Antes de
arriesgarnos a comer las hortalizas, que las pruebe
Jake. Si él las resiste, todo irá bien». Lo mismo me
ocurre a mí. Mientras el imaginario asesino siga
matando a otros, yo podré resistirlo.

Algunos biógrafos tratan de otro sueño del Presidente Lincoln, esta vez acerca de un extraño barco, que no acertaba a describir, que se movía con lentitud hacia una orilla sombría. Y afirman que Lincoln había tenido ese sueño antes de cada una de las victorias de los últimos meses de la guerra: Gettysburg, Vicksburg...

Es muy posible, por otra parte, que ninguno de tales sueños hayan existido más que en la imaginación de novelistas o historiadores poco de fiar.

CAPÍTULO XXX

EL ASESINATO

Pese a estas probables premoniciones, Lincoln subió al coche presidencial a las 8, junto con su esposa, ordenándole al auriga que pasara por el domicilio del senador Harris. La hija de éste subió al carruaje, junto con su prometido, el mayor Rathburn, y a las 8,30 todos entraron en el teatro, ya abarrotado de un público que los aclamó largo rato.

Poco antes de haber partido para el teatro, Lincoln firmó la instancia de libertad de un prisionero del Sur, el cual se comprometía, a cambio de su libertad, a prestar el juramento de fidelidad. De esta forma, su último acto oficial fue un acto de clemencia hacia el Sur.

Ya en el teatro, después de las salutaciones de rigor, Lincoln se acomodó en el

sillón dispuesto de antemano por su asesino, y Mary Todd en el suyo, muy orgullosa ante el recibimiento del público. Clara Harris se instaló en la esquina opuesta del palco, y el mayor Rathburn en el sofá, bastante más atrás.

La función estaba a punto de comenzar. Era una comedia de tipo cómico, titulada *Nuestro señor primo de los Estados Unidos*. Cuando terminó de escucharse el himno de Estados Unidos y establecido el silencio en la sala, empezó la función.

John Wilkes Booth se hallaba ya en algún rincón del local, preparando su pistola de cañón corto, con la que sólo podía efectuar un disparo. Cuando en la segunda escena del primer

177

acto, al aproximarse John Wilkes al palco, le detuvo el acomodador, él, con el aplomo de un actor consumado, alegó que era senador y que el Presidente le había invitado.

Naturalmente, el acomodador dejó pasar al senador, tan joven y elegante, viéndole cómo seguía pasillo adelante hasta la pequeña puerta, que cerró tras de sí.

Otros biógrafos pretenden que el asesino mostró una tarjeta al acomodador y le explicó que tenía que darle una noticia al Presidente, pero la versión más creíble es la de que el criminal se presentara como senador, pues de otro modo es difícil que se le hubiera franqueado la entrada al palco.

Sea como fuere, el asesino continuó sin titubear y al llegar al palco encontró al mayor Rathburn, el cual, bastante asombrado, le preguntó en voz baja si se había extraviado. John Wilkes, en vez de verse perdido, sabiendo que no podía retroceder, empujó al mayor, al mismo tiempo que disparó a bocajarro con la mano izquierda contra la cabeza de Abraham Lincoln, que en aquellos instantes, divertido por la situación de la comedia, había lanzado una carcajada.

Lincoln, alcanzado en la nuca, se hundió en el sillón, mientras el mayor Rathburn se abalanzaba contra el asesino, recibiendo una puñalada en el pecho, al tiempo que John Wilkes gritaba.

—«Sic semper tyrannis». ¡El Sur está vengado!

Lo inesperado del atentado y el dramatismo de aquel grito paralizó a todos los circunstantes, lo que aprovechó el regicida para saltar desde el palco al escenario, cayendo sobre su pierna izquierda, que se rompió, pero logró incorporarse y cojeando logró desaparecer tras el telón de fondo, ante el estupor general.

—¡Han asesinado al Presidente! —se gritó por doquier en el teatro.

El doctor Raft, cuando llegó al fin, no pudo hacer otra cosa que comprobar que la bala había penetrado por detrás de la oreja de Lincoln, atravesándole el cerebro, ascendiendo al ojo derecho.

La Casa Blanca estaba lejos, por lo que cuatro soldados, hondamente emocionados, trasladaron al ilustre herido a la casa que se alzaba frente al teatro, tendiéndole sobre un camastro improvisado, en diagonal, a causa de su estatura. El herido suspiraba de cuando en cuando, y poco después, el doctor Barnes, médico personal de Lincoln, declaró:

—Ha sido la agonía más penosa que he presenciado.

En realidad, la agonía del presidente Abraham Lincoln duró unas nueve horas. Finalmente, a las siete de la mañana, Lincoln dejó de existir sin haber recobrado el conocimiento. Murió, pues, en un lecho extraño, y asesinado en Viernes Santo.

Mary Todd estaba deshecha en llanto.

El Presidente asesinado fue enterrado como en los tiempos antiguos se enterraba a los grandes reyes. Se emprendió un largo viaje, para llevar el cadáver de Lincoln hasta su ciudad natal. Fueron innumerables las personas que desfilaron ante el féretro antes de que fuera depositado en la fosa del pequeño cementerio de Sprignfield.

Stanton, el Secretario de Guerra, temiendo que el asesinato fuese el resultado de un gran complot, movilizó a la tropa, en persecución del asesino.

Por su parte, John Wilkes Booth había logrado huir a uña de caballo. Los conspiradores habían designado a otras víctimas, entre las que se contaba el vicepresidente Johnson, al que debía matar el carrocero alemán Atzeroth, pero éste, presa de pánico, huyó a última hora, sin saber que el joven Payne había conseguido entrar en el domicilio del Secretario de Estado, Seward, y le había asestado cinco puñaladas, después de asesinar a su hijo menor y herir gravemente al hijo mayor.

John Wilkes logró reunirse con David Herold en la encrucijada de Sarratville, a unos 18 kilómetros de Washington.

Los dos se presentaron en la posada de un tal Lloyd, al que le preguntaron muy alterados:

—¿Hay por aquí algún médico? Acabo de romperme la pierna...

—No sé, sólo hay el doctor Hoxton...

—Hemos asesinado al Presidente —anunció John Wilkes de pronto, con gran orgullo en la voz.

La prisa por huir, aconsejó renunciar a los cuidados del doctor Hoxton y buscar los del doctor Mudd, al que creían un fanático sudista, puesto que antes de la Proclamación del fin de la esclavitud, dicho médico poseía once esclavos que trabajaban en sus doscientas hectáreas de tierra. La casa de Mudd se hallaba a unos 25 kilómetros de distancia, y cuando los dos fugitivos llegaron a ella, Mudd destrozó la bota de John Wilkes, comprobando que el criminal tenía la tibia fracturada.

Después de la cura provisional, que a Mudd le costó poco después ser condenado a cadena perpetua, los dos amigos pensaron continuar hasta Petit Tobacco para desde allí pasar a Virginia, donde había buenos sudistas que ayudarían a ambos conjurados.

Sin embargo, se vieron obligados a atravesar el pantano de Maryscountry, para refugiarse en la granja de un tal Garret, donde dos días más tarde fueron descubiertos por las escoltas del coronel Congers, que les conminaron a rendirse sin condiciones.

Pero John Wilkes se negó a rendirse y disparó una carabina. El coronel prendió fuego a la paja para obligarle a salir del pajar donde los dos amigos estaban escondidos.

De pronto, John Wilkes, con la mirada de un iluminado, el cabello en desorden, los dientes apretados, empezó a avanzar hacia sus enemigos. El fuego le cegó y cayó, pero poniéndose en pie, arrojó la carabina, y con la otra mano empuñó resueltamente una pistola.

—¡Se ha matado, el muy loco! —gritó el coronel, al oír un disparo.

—No, mi coronel —replicó un soldado—. Le ha acertado el sargento Corbert.

Sin embargo, estos últimos instantes del asesino del Presidente Lincoln jamás se aclararon por completo, puesto que John Wilkes Booth murió en la granja de Garret, en el tiroteo que se entabló a continuación.

Los cómplices de John Wilkes comparecieron poco después ante la justicia. En el banquillo tomaron asiento John Payne, como autor del atentado contra el secretario de Estado, Seward, lo mismo que Herold, el alemán carrocero Atzeroth, la señora Surrat, Arnold O'Laughlin, y John Surrat, junto con el doctor Mudd.

Payne, Herold, Atzeroth y la señora Surrat fueron ahorcados el 7 de julio de 1865. El doctor Mudd, Arnold O'Laughlin y John Surrat, sufrieron condena a cadena perpetua, aunque al doctor Mudd le rebajaron la pena impuesta, al cabo de unos años de tormentosa vida en la cárcel.

El vicepresidente Johnson sucedió a Lincoln y la vida continuó con toda normalidad en Estados Unidos. Pero jamás ha sido olvidada la personalidad de aquel hijo de un carpintero convertido en granjero, que primero fue abogado y después Presidente de la poderosa Estados Unidos.

Años más tarde, otro vicepresidente, Johnson, sucedería a otro presidente carismático, también asesinado: John F. Kennedy.

CRONOLOGÍA

1806 — El 12 de junio contraen matrimonio Nancy Hanks y Thomas Lincoln, padres de Abraham Lincoln.

1808 — La familia Lincoln se traslada a Nolin Creek.

1809 — El 12 de febrero nace Abraham Lincoln.

1811 — Traslado a la Ruta de Cumberland, de la familia Lincoln.

1816 — Nuevo traslado, esta vez a Indiana.

1818 — Muere Nancy Hanks Lincoln.

1819 — El 2 de diciembre Thomas Lincoln se casa en segundas nupcias con Sarah Bush.

1831 — Llegada de los Lincoln a Nueva Salem.

1834 — Abraham Lincoln resulta elegido para la Legislatura de Illinois.

1836 — Es reelegido como *whig* del condado de Sangamon.
— Es licenciado en Derecho.

1837 — Lincoln pasa de Nueva Salem a Springfield.

1838 — Nacimiento de John Wilkes Booth.

1839 — Es nombrado Síndico de Springfield.
— Conoce ese mismo año a Mary Todd.

1840 — Es elegido para el cuarto período de la legislatura.

1841 — Ejerce la abogacía hasta 1844.

1842 — Abraham Lincoln se casa con Mary Todd.

1844 — Empieza a ejercer la abogacía con William H. Herndon.

1847 — Se celebra la Convención de los *whigs*.

1849 — Hasta 1854, Lincoln abandona la política.

El 14 de abril de 1865 Lincoln fue asesinado al grito de «El Sur está vengado».

1850 — Fallecimiento del hijo de Lincoln, Edward.
— Nacimiento de su hijo William.
— Se celebran elecciones legislativas.

1855 — Debuta en Baltimoree John Wilkes Booth con la obra *Ricardo III.*

1856 — Lincoln firma en la convocatoria de la convención antiNebraska en Bloomington.
— Elecciones para la presidencia de Estados Unidos.

1857 — Discurso en Springfield.

1858 — Discurso en Bloomington.

1861 — Abraham Lincoln es elegido decimosexto presidente de EE.UU.

1862 — Lanzamiento del primer bombardeo de la Guerra Civil.
— Desastre en Shilon.
— Victorias en Nueva Orleans, Baton Rouge y Narchez.
— Segunda batalla de Bull Run.
— Batalla del río Rappahamock.
— Llamamiento a filas de 300.000 voluntarios.
— Declaración de la libertad para los esclavos.
— Ulysses S. Grant es nombrado comandante del distrito militar de Illinois.

1863 — El 1 de enero de proclama la Ley de Emancipación.
— Se produce el cruce del río Rappahamock.
— El general Lee se aproxima a 60 kilómetros al norte de Washington.
— Se entabla el contacto con Gettysburg, entre las avanzadillas del Norte y del Sur.
— Rendición en Vitesburg.
— Se inicia el asedio a Vicksburg.
— Consagración del cementerio de Gettysburg, por Lincoln.
— Primera movilización general del Norte.
— Motín en Nueva York contra la movilización general.

1864 — Se inicia la ofensiva de primavera del Ejército del Potomac.
— Batalla del Erial.
— Irrupción de las tropas nordistas en Valle Shenandoah.
— Ocupación del puerto de Savannah.

1865 — Incendio de Richmond.
— Rendición del general Lee.
— Johnson se rinde a Sheridan, en Durham, Carolina del Norte.
— Llegada del general Grant a Washington.
— El 14 de abril de este año es asesinado Abraham Lincoln.
— El 17 de julio son ahorcados Payne, Herold y Atxerotd, y la señora Surrat, siendo condenados a cadena perpetua John Surrat, Mundt y Arnold O'Laughlin.

ÍNDICE